TOUT CE QUE LES HOMMES IGNORENT...
... ET QUE LES FEMMES N'AVOUERONT JAMAIS

www.editions-jclattes.fr

Deborah McKinlay

TOUT CE QUE LES HOMMES IGNORENT...
... ET QUE LES FEMMES N'AVOUERONT JAMAIS

Traduit de l'anglais (Grande-Bretagne)
par Denyse Beaulieu

JC Lattès
17, rue Jacob 75006 Paris

Titre de l'édition originale
LOVE LIES, What men dont't know and women won't admit
Publiée par HarperCollins Publishers, London

Illustrations : Josephine Sumner

Ce livre est dédié à Charlie-Horse

Avec un grand merci à mon agent Darley Anderson qui a « tout pigé »
Et à mon éditeur Valerie Hudson qui s'est battue pour ce livre.

Sommaire

Lorsqu'un Homme se sent tomber amoureux d'une Femme
il n'appelle pas tout de suite.

Lorsqu'une Femme se sent tomber amoureuse d'un Homme
il n'appelle pas tout de suite.

Lorsqu'un Homme n'appelle pas tout de suite, la Femme se demande si elle doit être gentille avec lui lorsqu'il appellera enfin,
ou si elle doit lui faire une scène parce qu'il n'a pas appelé tout de suite.

L'Homme ne comprendra jamais pourquoi la Femme
lui fait une scène parce qu'il n'a PAS appelé,
alors que justement, là, il l'appelle.

1

Ce n'est qu'une phase passagère

Toute femme connaît le délai précis que met une carte postale à parvenir chez elle, de n'importe quel point du globe.

Toute femme sait très bien si « les lignes téléphoniques étaient en dérangement » ou pas.

Toute femme sait que « je t'adore », ça n'est pas la même chose pour un homme.

La Nausée du Premier Mois est une maladie féminine, qui affecte les femmes en Phase Un d'une nouvelle histoire.

Les hommes oublient que les femmes peuvent voir leur existence entière bouleversée par une rencontre de hasard chez le libraire. Alors que les femmes ne l'oublient jamais. Si elle rencontre l'homme de sa vie, une femme risque même de changer de nom. Voilà pourquoi les femmes traitent chaque nouvelle histoire avec un certain sérieux.

Toutefois, en dépit du fait que, pour une femme, un « nouvel homme » puisse être synonyme de « nouvelle vie », ce sont les hommes qui prennent toutes les initiatives au début. Car aujourd'hui encore, c'est à l'homme d'appeler le premier. Dès que la femme lui a fait comprendre qu'il pouvait le faire, et qu'il lui a donné l'impression qu'il allait le faire, ils entrent en Phase Un. Elle se met en position d'attente, et plus elle attend, plus sa Nausée du Premier Mois s'accentue.

LA PHASE UN

La femme reste chez elle. Au cas où il appellerait. Car elle ne fait pas confiance à son téléphone portable. Au cas où le signal ne passerait pas au moment précis de son appel.

La femme se demande si son répondeur téléphonique est défectueux.

La femme décroche le téléphone pour vérifier que la ligne est branchée.

La femme s'inflige de petits soliloques mentaux du genre : « Si seulement les mecs ne disaient pas qu'ils vont appeler. Pourquoi est-ce qu'ils disent ça quand ils n'ont aucune intention de le faire ? Pourquoi ça tombe toujours sur moi, pourquoi je choisis toujours des mecs pas fiables ? Il a bien dit qu'il allait à Vienne, mais quand exactement ? Il est peut-être déjà parti. Oui, c'est ça.

Mais enfin, il y a des téléphones à Vienne, non ?... J'aurais dû être moins bavarde. J'aurais dû porter une tenue plus relax. Pourquoi est-ce que je fais toujours ça ? Pourquoi est-ce que je me retrouve tout le temps comme ça, à camper devant le téléphone ? Voilà. Plus jamais ça... Pourtant, il avait l'air sincère. Il a peut-être téléphoné pendant que je faisais mes courses au supermarché. Le signal ne passait peut-être pas au rayon surgelés. Le répondeur, je l'avais bien allumé ?... »

Les hommes ne changent en rien leur quotidien.

Ils sont guillerets parce qu'ils viennent de rencontrer une nouvelle femme drôle et sexy.

Les hommes finissent par appeler, faire du charme et proposer un rendez-vous d'un ton désinvolte.

Les hommes, ces bienheureux, n'ont aucune conscience de l'importance effarante du moment précis où ils décrochent leur téléphone.

Car ils viennent, sans le savoir, de déclencher la Phase Deux.

LA PHASE DEUX

Les deux parties se testent réciproquement.

Chacune révèle prudemment quelques informations personnelles, triées sur le volet.

Au moins une fois, il n'appellera pas alors qu'il avait dit qu'il appellerait.

Au moins une fois, c'est elle qui appellera.

On doit noter que, bien que la femme de l'an 2000 ait, en théorie, la possibilité d'être la chasseresse, chacun sait que ce droit reste strictement théorique. Elle peut effectivement appeler, mais uniquement en Phase Deux, et *jamais* plus de deux fois. Autrement, elle donnera l'impression d'être en manque, collante et obsédée. Les hommes et les femmes sont parfaitement au courant de cette règle tacite.

Même lorsque la femme en Phase Deux exerce son droit d'appeler, elle a généralement besoin de l'encouragement de ses copines, voire d'alcool. Lorsqu'elle compose enfin son numéro, cœur palpitant, mains tremblantes, elle affronte un nouveau dilemme. Car l'homme n'est pas censé être chez lui. Il est censé assister à l'accouchement de sa grand-mère ou à un séminaire de leadership sur un terrain de golf, ou encore à une réunion urgente en Azerbaïdjan. Le malheureux, affalé sur son canapé à regarder le championnat de kick-boxing singapourien tout en grignotant des chips à l'ail, décroche le téléphone. Il répond d'un « allô » innocent à la femme qui se laboure la poitrine depuis quatre jours parce qu'il n'a toujours pas appelé. Il vient de s'aventurer, en toute méconnaissance de cause, dans un champ de mines.

Si la Phase Deux se déroule favorablement, les appels deviennent un peu plus fréquents de la part de l'homme, et excessivement rares de la part de la femme... Si, côté sexe, ça fait des étincelles... et s'il s'abandonne à une douce euphorie...

Ils entrent en Phase Trois.

LA PHASE TROIS

Il pense : « Finalement, elle est géniale, non ? Beau cul. Beaux yeux. Bon coup. »

Il l'appelle. Souvent.

Il se contente de sourire lorsque les copains le taquinent en lui disant : « Il y a une femme là-dessous. »

Il essaie de ne pas trop penser à elle.

Elle dit à ses copines tout ce qu'elle sait de lui et ajoute quelques détails supplémentaires pour faire joli.

Elle va sans doute se faire couper les cheveux, perdre quelques kilos et renouveler sa garde-robe.

Elle en veut à quiconque ou à quoi que ce soit qui l'empêche de penser à lui.

La Phase Trois est excessivement agréable. C'est à ce stade que l'un et l'autre se considèrent

« amoureux » (bien que les hommes n'utilisent jamais ce vocable). Ils peuvent aller jusqu'à se dire « je t'aime ».

Au cours de la Phase Trois, leurs sentiments sont sans doute au diapason. Leurs attentes et leur interprétation de ce que ces sentiments signifient risquent toutefois d'être totalement divergents.

La femme est persuadée que l'homme qui couche avec elle et qui lui a dit qu'il l'aimait – ou qui s'est comporté comme s'il l'aimait –, lui est forcément fidèle. De toute façon, dans ces circonstances, il *doit* lui être fidèle. Non ?	L'homme, dans cette situation, n'a pas réfléchi une fraction de seconde à la question de la fidélité.
La femme pense que, si l'homme est fidèle et amoureux, cette histoire « a de l'avenir ».	L'homme, dans cette situation, n'a pas spécialement réfléchi à la question de l'avenir.
La femme veut savoir « quel avenir » ils ont ensemble.	L'homme, dans cette situation, a intérêt à réfléchir très vite.

Ce n'est pas que les hommes n'aient pas envie, eux aussi, d'une relation stable et monogame. La plupart y aspirent. Simplement, ils préfèrent prendre tout leur temps pour y réfléchir, ils aiment se vautrer dans l'euphorie de la Phase Trois et des plaisirs partagés. Ils veulent voir « comment ça se passe ».

Les femmes, en revanche, veulent savoir « où on va » dès les premiers balbutiements de leur histoire.

D'ailleurs, c'est très simple, la femme aimerait savoir « où on va » dès le premier rendez-vous, mais elle est assez maligne pour savoir que cette question, lancée trop tôt, fera fuir Roméo ventre à terre. Elle attend donc d'être guérie de sa Nausée du Premier Mois. Quand elle est à peu près certaine qu'il est accro, elle lui assène la question. Avec toute la légèreté d'un camion-remorque d'Airbus 360.

La conversation « Où on va ? »

N'oubliez pas que...

La femme risque d'aborder la question de façon détournée. Par exemple en demandant à l'homme où il était jeudi dernier, ou s'il a revu son ex dernièrement.

La femme a bien répété cette conversation dans sa tête. Voire avec des copines. Une fois lancée, elle ne peut plus freiner.

La femme attend le moment où elle est raisonnablement certaine que l'homme réagira dans le sens qu'elle souhaite.

Voilà donc pourquoi elle aborde la question alors qu'ils sont en train de passer un excellent moment ensemble.

L'homme ne répond pas et tente de repousser ses petites questions persistantes en la serrant dans ses bras.

Elle s'accroche.

L'homme, légèrement agacé, dit : « On est si bien, là, pourquoi gâcher les choses ? »

La femme s'accroche.

L'homme se fâche et/ ou claque la porte.

Elle panique.

Aucun homme ne peut, ne serait-ce que concevoir le degré de panique qu'engendre une dispute suivie d'un claquement de porte en Phase Trois.

C'est le séisme.

N'oubliez pas que...

Depuis qu'elle a rencontré cet homme, la femme a passé tous ses moments de veille à se demander « où on va », même s'il ne s'agit que de vagues rêveries. Même si, en adulte intelligente, elle sait qu'il est « trop tôt pour le prédire ». Elle a envisagé sérieusement la possibilité que cet homme puisse être l'Homme de sa vie.

En cours de Phase Trois, ce sentiment a gagné du terrain.

Elle parle tout le temps de lui à ses copines, en le dotant parfois de qualités qu'il ne possède pas pour qu'il ait l'air d'être « une affaire ».

Ce qui signifie que :

1. Elle est désormais persuadée qu'il possède ces qualités.
2. Si elle le perd, ce sera doublement humiliant.

La femme régresse en Phase Un. Avec une attaque virulente de Nausée du Premier Mois, et un début de dépression en prime.

L'homme est assez contrarié.

S'il se sent assez « amoureux » de la femme, il finira par la rappeler.

L'homme qui passe ce coup de fil... l'homme qui soupire en se disant que, si elle lui manque à ce point, c'est qu'ils ont peut-être un avenir ensemble... l'homme qui pose ses pieds d'argile sur le bureau à sept heures du soir et compose son numéro de téléphone... n'a pas la moindre idée du degré de responsabilité qu'il vient d'endosser, pour le bonheur d'un autre être humain.

La femme qui répond au téléphone (pas avant la troisième sonnerie, mon Dieu, mon Dieu, mon

Dieu, faites que ce soit lui) et qui entend la voix tant espérée, transforme immédiatement le détenteur de cette voix en Dieu Vivant. Dès cet instant, la femme dont le ton désinvolte dément complètement son état d'esprit, accroche l'ensemble de ses rêves et de ses espoirs à la veste de cet homme.

> Quand elle a traversé les diverses crises de cette phase, la femme en parle comme de « moments difficiles ». L'homme, lui, n'en parle jamais.

2

Ça devient officiel

Les hommes s'imaginent que, s'ils s'y mettaient un peu sérieusement, ils seraient doués pour plein de trucs.

La plupart des hommes s'imaginent qu'ils seraient particulièrement doués pour jouer de la batterie ou de la basse. (Jouer des maracas est une variante moins courante de ce phénomène.)

Tandis qu'ils font la cour à une femme, ils essayent de le lui faire comprendre en lui infligeant une rapide démonstration de « batterie » ou de « basse » pendant qu'ils dansent.

La femme n'est pas spécialement épatée, mais elle sait décoder ce manège : ça veut dire qu'elle lui plaît.

Les autres dons cachés des hommes

- *Piloter une Formule 1*
- *Piloter un avion de chasse*
- *Être photographe de mode*

Les trucs que n'importe quel crétin peut réussir :

- *Mitonner de bons petits plats*
- *Écrire des poèmes*

Il faut souvent le rappeler aux femmes.

Si l'homme et la femme survivent aux Phases Un, Deux et Trois, ils deviennent « un couple ». Devenir un couple, cela signifie qu'une femme peut dire, avec un certain degré d'assurance, que cet homme est « son mec », « son fiancé » ou « son amoureux » sans qu'il le démente.

À ce stade, leur histoire se transforme en train emballé. La femme est dans la locomotive, à pelleter du charbon dans la machine aussi vite qu'elle le peut. Mais l'homme n'est pas particulièrement alarmé, parce que lui, il se figure qu'il est James Bond, en train de ramper sur les wagons, et qu'il n'aura qu'à se glisser tranquillement dans la locomotive au moment souhaité pour reprendre le contrôle de la situation. Pour l'instant, James Bond savoure son aventure et la sensation du vent dans ses cheveux.

LES RITUELS DE L'OFFICIALISATION

L'homme et la femme se présentent réciproquement leurs meilleurs amis.

Quand la femme rencontre le meilleur ami de l'homme, elle se demande avec une pointe d'inquiétude :

1. S'il a une copine ou une femme.
2. Si cette copine ou cette femme est très jolie.
3. S'il est fidèle à sa copine ou à sa femme.
4. S'il aimerait trouver une copine ou une femme, au cas où il serait libre.
5. S'il trouve qu'elle est la copine ou la femme rêvée.
6. S'il le dira à l'homme.

Quand l'homme rencontre la meilleure amie de la femme, il se demande vaguement :

1. Si elle est baisable ou pas.

> Ce stade est également celui où l'on rencontre la famille de l'autre.
>
> La femme est généralement convaincue que ses parents à lui l'aiment bien, elle. L'homme est généralement convaincu que ses parents à elle ne l'aiment pas, lui.
>
> D'habitude, c'est l'inverse.

Au cœur de ce tourbillon de présentations, le couple a envie de passer le plus de temps possible en tête à tête. C'est le seul moment dans leur histoire où la femme aime sincèrement rester à côté de lui sur le canapé à grignoter une pizza en regardant la télé. L'homme commet souvent l'erreur de s'imaginer qu'elle sera éternellement satisfaite de ces activités exaltantes.

À ce stade, l'homme arrive à se convaincre que sa seule présence suffit à rendre cette femme heureuse.

La femme, en revanche, commence un tout petit peu à s'emmerder. Pire encore, elle n'a plus grand-chose à raconter à ses copines. Elle a besoin d'une preuve un peu plus tangible de leur « être un couple ».

Un soir, elle propose de « partir en week-end quelque part ».

L'homme n'est pas contre. Les hommes, généralement, n'ont rien contre une activité qui comprend un début, un milieu et une fin.

En plus, « partir en week-end », dans leur tête, signifie « sexe non-stop ».

Dès que l'homme a marmonné un assentiment vaguement enthousiaste dans le creux de sa nuque, la femme s'élance du canapé et commence à feuilleter le *Guide des Relais et Châteaux* avec une adresse et une dextérité qui tétanisent l'homme.

Dans sa tête, il saute d'un wagon à l'autre.

PARTIR EN WEEK-END

La femme...

Passe chez le coiffeur. Passe chez l'esthéticienne pour une épilation maillot et demi-jambes. Raconte à tout le monde qu'il « l'emmène en week-end ». Emprunte une jupe à sa meilleure amie.

Achète un nouveau top. Se fait teindre les cils. Se met au régime. Achète un nouveau rouge à lèvres. Remplit quinze petits flacons en plastique de diverses lotions et potions de beauté. Essaie toute sa garde-robe. Se décide pour « le noir ». Repasse tous ses vêtements. Met tous ses vêtements dans sa valise. Y glisse « un truc sexy ». Plaisante là-dessus avec ses copines.

L'homme...

Se demande si ses bottes de randonnée se trouvent dans le coffre de sa voiture. Demande à l'autre type dans l'ascenseur s'il pense qu'il devrait prendre l'A6 un vendredi soir.

Le genre d'hôtel où se rendent les nouveaux couples lorsqu'ils partent en week-end attire deux catégories de clientèle :

1. D'autres nouveaux couples qui partent en week-end.

2. Des couples qui passent leur première nuit de lune de miel.

Les couples en première nuit de lune de miel sont entr'aperçus furtivement dans le hall d'accueil. Une femme qui n'est pas mariée, peu importe à quel point elle est affranchie, est souvent un peu gênée au moment du check-in. Surtout lorsqu'elle est avec un nouvel homme et que, manifestement, leurs valises ne sont pas assorties. En apercevant furtivement les nouveaux mariés, elle éprouve une certaine jalousie – rien qu'un soupçon. Elle enfouit cette insidieuse sensation au plus profond de son inconscient, où elle prend racine.

Lorsqu'ils parviennent à leur chambre, l'homme a envie d'une petite culbute vite fait. Ce qui plaît assez à la femme, bien qu'elle sache qu'il ne s'agit pas là du Clou de la Soirée. Elle a hâte de se préparer pour ce grand événement. Elle s'y met dès la fin de la culbute. Ostensiblement, elle se prépare pour le dîner. Ça peut durer très longtemps.

L'homme aurait envie d'un apéro.

Lorsque la femme est enfin prête (juste au moment où l'homme se décide à descendre pour trouver un journal), ils passent au bar, commandent deux flûtes de champagne et grignotent des cacahuètes. L'homme dit à la femme qu'elle est ravissante. La femme sourit et joue avec le pied de sa flûte de champagne. Elle se retient pour ne pas se bâfrer de cacahuètes, trois à la fois, comme elle le ferait s'il n'était pas là, tout en songeant :

« S'il me demandait en mariage, je dirais sans doute oui. Sans doute. Je me demande si on s'installerait dans son appart'. Non. Je vendrais le mien et lui le sien, et on achèterait un truc plus grand. Assez grand pour un enfant, si on décidait d'en avoir un. En tout cas, aucune envie d'un mariage en blanc. Je voudrais quelque chose d'un peu différent. »

L'homme la regarde et se dit :

« Elle est adorable... Tiens, je me demande si nous sommes dans l'aile Louis XIII du château. »

L'homme dit à la femme :

« Je me demande si nous sommes dans l'aile Louis XIII du château. »

La femme fait semblant de s'intéresser et lui adresse un petit sourire contraint. Elle affiche toujours ce sourire lorsque le Patron vient leur demander s'ils souhaitent une autre flûte de champagne, et que son bien-aimé lui demande :

« Sommes-nous dans l'aile Louis XIII du

château ? », et que s'ensuit une conversation interminable sur l'historique des lieux.

Leur dîner est extrêmement agréable. Ils rient beaucoup.

Les femmes adorent parler de leur Première Rencontre. Elles en font tout un scénario, qui leur sert à mettre l'accent sur la différence entre cette époque incertaine et Aujourd'hui.

Les hommes n'ont qu'une notion nébuleuse de cette différence, mais ils se lassent rarement des récits dont ils sont les héros.

Tous deux sont très heureux, roucoulants et probablement un peu pétés lorsqu'ils regagnent leur chambre, enlacés.

Sachez que la plupart des hommes, bien qu'ils ne l'avoueraient jamais, seraient tout à fait heureux de troquer le Clou de la Soirée contre un dernier cognac et huit heures de sommeil bienheureux, mais les femmes préfèrent qu'un épisode passionné vienne clore une soirée aussi romantique.

En plus, la femme s'y est préparée et elle porte un petit quelque chose en dentelle noire sous son nouveau top, pour redonner un peu de cœur à l'ouvrage à leur partenaire.

Une fois lancées, les deux parties passent un très bon moment.

Quand les feux de la passion se sont éteints

La femme repose sa tête sur la poitrine de l'homme et trace de petits cercles sur son corps du bout de l'index. Elle se sent heureuse, amoureuse, vulnérable, féminine et proche de lui.

L'homme... a chaud.

La femme meurt d'envie que l'homme lui dise à quel point il se sent heureux, amoureux, vulnérable, viril et proche d'elle.

L'homme dit : « Tu ne trouves pas qu'il fait chaud, ici ? »

La femme ne répond pas, mais elle secoue légèrement ses cheveux en bataille.

L'homme lui donne une petite tape affectueuse et sort du lit pour jouer avec la clenche de la fenêtre.

Quand l'homme a joué tout son saoul avec la clenche de fenêtre, et créé ce qu'il considère comme les conditions parfaites d'une bonne nuit de sommeil, il va faire pipi.

En passant devant la glace de la salle de bains, il tapote vaguement et inefficacement ses cheveux.

Tandis que l'homme est dans la salle de bains, la femme en profite pour se brosser les cheveux, vérifier que son mascara n'a pas coulé et que son rouge à lèvres n'a pas migré sur son menton. Elle lisse les draps et réajuste sa lingerie, si elle en porte encore, de façon à être la plus séduisante possible lorsqu'il reviendra.

L'homme revient, lui donne une petite tape affectueuse et lui fait comprendre que, bien qu'il n'ait aucune intention de dormir toute la nuit, il aimerait bien faire un petit somme maintenant. Il l'enlace et s'endort, parfaitement satisfait de son sort.

La femme reste éveillée un bon moment. Elle ne comprend pas.

Le lendemain matin, pendant le petit déjeuner, elle attend un indice lui permettant de deviner le déroulement du reste du week-end.

Il lui demande si elle a pris la carte qui se trouvait dans le coffre à gants.

Ils forment désormais un couple.

3

Chez toi ou chez moi ?

Si l'homme désigne une femme vraiment sublime et dit qu'il la trouve séduisante...
La femme se sent un peu menacée.

Si l'homme désigne un thon absolu et dit qu'il la trouve séduisante...
La femme s'inquiète.

Si l'homme désigne une femme vraiment sublime et affirme qu'il ne la trouve pas séduisante...
La femme répond : « Tu te fiches de moi ? »

Parfois, après un week-end particulièrement agréable et un Clou de la Soirée passablement spectaculaire, et si :

1. La femme n'a pas abordé la question de « notre avenir »
2. La femme n'a pas parlé tout au long de l'embouteillage de l'A6
3. L'homme n'a pas de rendez-vous aux aurores le lundi matin

...l'idée de rentrer chacun chez soi les déprime. Alors ils rentrent chez l'un ou chez l'autre.

Bientôt, ils vont « vivre ensemble ». Officiellement.

En général, avant qu'ils ne commencent à « vivre ensemble officiellement », la femme raconte à son entourage : « Nous ne vivons pas vraiment ensemble. Je veux conserver mon indépendance jusqu'à ce que je sois vraiment sûre. » Traduction : elle passe chaque seconde de son temps libre avec lui. Conséquence : elle a quasiment toute sa garde-robe dans le coffre de sa voiture, dans un sac de voyage au bureau et dans un casier du vestiaire de sa salle de gym. Elle est rentrée chez elle vendredi soir dernier parce qu'il avait un truc de boulot. Elle a passé toute la soirée à se teindre les cheveux et à s'épiler les jambes à la cire.

S'ils passent le plus clair de leur temps chez elle, il a sans doute déjà transbahuté la majorité de ses affaires, et toute sa garde-robe. Elle lessive amoureusement ses chemises, slips et chaussettes, tout en soupirant lorsqu'il a un truc de boulot le vendredi soir.

VIVRE ENSEMBLE

S'il emménage chez elle, elle change immédiatement le message de son répondeur, afin d'y inclure son nom à lui.

Elle est étonnée du peu d'affaires qu'il possède. Elle est consternée par un objet particulièrement encombrant qu'il a tenu à planter en plein salon.

Elle commence à sentir qu'elle peut enfin « être elle-même ». Elle soutient à ses copines que c'est merveilleux, d'être aussi détendue avec quelqu'un. Elle ne se brosse plus les cheveux lorsqu'il va faire pipi, elle ne se rase plus les jambes tous les jours, elle commence à porter les sous-vêtements du tiroir du milieu. Elle le fait parce qu'elle a confiance en lui. Elle a confiance en lui parce qu'elle l'aime. Elle croit qu'il sait tout ça.

S'ils emménagent chez lui, il résiste farouchement lorsqu'elle lui suggère de changer le message de son répondeur. Il marmonne qu'il « pourrait recevoir des appels professionnels ». Il est horrifié de découvrir toutes les affaires qu'elle trimbale chez lui. Il établit quelques règles très strictes concernant SON bureau, SA chaîne stéréo et SA guitare.

Il se demande pourquoi elle ne porte plus son truc noir depuis quelque temps.

Une fois qu'une femme s'est présentée devant un homme sans mascara, elle se sent assez vulnérable. La femme qui vient d'emménager avec un homme n'est en fait qu'une immense Boule d'Amour en Peluche. Tandis qu'elle prépare le dîner en paréo et débardeur H&M, elle sent le « cocon de couple » se resserrer douillettement autour d'elle.

Tout d'un coup...

Elle panique à l'idée de perdre tout ça. Elle n'a pas la moindre envie de revivre la Nausée du Premier Mois ou le claquement de porte de la Phase Trois. Mais elle ne veut pas qu'il le soupçonne. Elle aimerait rester un peu détachée pour qu'il « ne la prenne pas pour acquise ».

Étant donné que :

a) Elle se souvient des conséquences néfastes des questions directes concernant « notre avenir » ;

b) Qu'elle ne veut pas avoir l'air collante ou obsédée ;

c) Qu'elle est arrivée jusque-là ;

Elle ravale ses craintes.

L'Alien de l'Insécurité prend vie en elle.

En général, la femme ne comprend pas que ce qu'il y a de mieux à faire avec un Alien de l'Insécurité, c'est de l'assommer, de l'étouffer ou de le faire mourir de faim. La femme préfère d'abord tenter une approche en douce. Elle tente de l'apaiser.

Elle se met à pourchasser de petites bribes d'informations dont elle nourrira l'Alien de l'Insécurité afin qu'il ne la trouble pas.

Elle s'y prend en...

- Lançant de petites plaisanteries indirectes sur « notre avenir ».
- Lançant de petites plaisanteries indirectes sur « le passé ».
- Lui rappelant qu'elle l'aime, qu'elle l'adore, qu'elle prend bien soin de lui.
- Rappelant à ses amies qu'il l'aime, qu'il l'adore, qu'il prend bien soin d'elle.

Hélas, l'homme ne répond que d'un vague sourire et hoche la tête. Ses amies aussi.

L'Alien de l'Insécurité commence à donner des coups de pied. C'est alors que la femme se souvient de La Boîte.

Peu importe qu'ils se soient installés chez elle ou chez lui : la Boîte est là. Une petite boîte pleine de lettres que l'homme a déposée nonchalamment près de son sac de sport.

Facile à repérer... enfin, presque.

Facile à ouvrir... certainement.

Évidemment, les femmes aussi ont des boîtes de vieilles lettres. Mais si elles emménagent chez l'homme, elles les laissent chez leur sœur, ou bien calées au fond d'une valise, fermée à clé, avalez la clé. Certaines, dans un fol accès d'optimisme pour « notre avenir », la balancent aux ordures. Mais dans aucun cas ne laissent-elles cette boîte en plein sous le nez, et sous la patte, de leur nouvel amoureux. Ce serait tenter le diable, non ? Non ?

Au cours des premières semaines de vie commune, la femme affiche un certain sang-froid vis-à-vis de La Boîte. Au début, elle se contente de l'épousseter en se demandant ce qu'elle peut bien receler. Elle ne fouille pas.

Les hommes se trompent sur les raisons qui poussent les femmes à fouiller.

Les hommes se figurent qu'elles succombent à leur curiosité féminine innée.

C'est vrai, mais seulement en partie.

La femme fouille parce qu'elle se sent vulnérable.

Et aussi parce que l'homme lui a mâché le boulot.

Le jour où la femme voit sa main se tendre, comme mue par une volonté indépendante, pour prélever prudemment une enveloppe dans La Boîte, son cœur bat la chamade.

Il faut savoir que :

1. Les hommes sont de grands sentimentaux qui conservent des tas de petits mots et de babioles insignifiantes.
2. Les hommes conservent ces petits mots et ces babioles insignifiantes dans la même boîte que leurs vieilles factures EDF.

La première exploration permet de le constater. Mais au cours du premier trimestre de gestation de l'Alien de l'Insécurité, aucune femme digne de ce nom ne pousse un grand soupir de soulagement, avant de se remettre à épousseter la boîte. Elle creuse.

Une femme lancée dans une Fouille en Règle, ça peut faire peur. Elle est incapable de s'arrêter.

Elle trouve toujours quelque chose.

Ce que trouvent les femmes qui fouillent

- Une carte postale inscrite d'un message cryptique, manifestement rédigé par une femme. (Le cachet de la poste indique qu'elle a été envoyée quatre ans auparavant.)
- Une vieille photo de Lui. Il enlace une autre femme et il a l'air parfaitement heureux.

- Une boucle d'oreille.

Bien entendu, la femme comprend tout à fait que l'homme ait un passé. Simplement, au cours des Phases Un, Deux et Trois, elle l'a oublié.

D'ailleurs, la femme est apparemment capable de gérer « le passé ». Mais si, et seulement si, elle est capable d'établir une cloison hermétique entre « le passé », « le présent » et « notre avenir ». C'est très difficile.

Car elle se dit : s'il a été heureux avant, il pourrait être heureux après.

Sans moi.

> Les femmes ont tendance à s'imaginer qu'elles n'ont jamais été vraiment heureuses avant l'arrivée de cet homme.
>
> Le plus grand hommage qu'une femme puisse rendre à sa nouvelle histoire, c'est que « cette fois, c'est différent ».
>
> Autrement dit : « C'est mieux. » Traduction : « Tout ce qui est arrivé avant, c'était nul. » Pas vrai ? Non ?

Maintenant, la femme détient la preuve d'un passé heureux.

Elle n'est pas idiote.

Elle sait qu'elle ne peut pas aborder le sujet de front.

Elle sait aussi qu'elle ne peut pas confier ses craintes à ses copines.

Elle sait que « c'est idiot ».

L'Alien de l'Insécurité pousse à toute vitesse dans son ventre.

Le stratagème des petites allusions ne l'a pas étouffé. Pas plus que la Fouille.

Elle passe maintenant à la stratégie de Consolidation.

Tactiques de consolidation

— Se rendre indispensable à la maison.

— Se faire connaître sur son lieu de travail.

— Lui rappeler à quel point elle lui est dévouée en lui envoyant de petits textos d'amour et en l'appelant au bureau.

— En faisant des projets. De sorties, de cadeaux, de vacances.

— En faisant tout avec Lui.

> Les femmes d'aujourd'hui ne se transforment pas en bobonnes du jour au lendemain. Les femmes d'aujourd'hui continuent à sortir entre copines et à fréquenter la salle de gym. Ce que les femmes d'aujourd'hui n'avoueront jamais, c'est qu'elles organisent ces activités en fonction de celles de l'homme. Elles s'y consacrent lorsque l'homme a un truc de boulot.

L'homme commence, tout doucement, à subodorer que quelque chose se trame dans son dos. Il ne peut pas précisément mettre le doigt dessus, mais il est mal. Il commence à étouffer. Il se sent pris au piège.

Il tente la grande évasion.

L'homme n'est pas vraiment conscient de chercher à s'évader. Il est toujours amoureux de la femme. Il aime bien un plat de pâtes fraîches de temps en temps. Ses chemises sont impeccables. Les petits cadeaux lui font plaisir. Tout comme les sorties. Mais... il y a un truc.

Un jour, la fille de la photo l'appelle, comme ça, et il s'entend suggérer, ou peut-être tout simplement accepter, de déjeuner avec elle.

Il n'en parle pas à la maison.

La femme...

A les antennes qui s'agitent frénétiquement. Elle se dit que cette fois, quelque chose se trame. Elle fait un effort gigantesque et projette une escapade de week-end merveilleuse. Dimanche soir, elle se sent nettement mieux. Assise sur le canapé avec lui, à grignoter une pizza en regardant la télé, comme dans le bon vieux temps, elle se dit : « Tout va bien. Quelle idiote ! »

L'homme...

Se détend, d'abord prudemment, mais dimanche soir, assis sur le canapé avec elle, à grignoter une pizza en regardant la télé comme dans le bon vieux temps, il se dit : « Je suis idiot. »

Il avoue.

L'homme n'avoue pas tout à la femme. Il parle seulement du coup de fil.

La femme n'a pas besoin qu'il avoue. Elle sait déjà.

Elle accouche dans l'instant, là, sur le canapé, d'un Alien de l'Insécurité arrivé à terme et parfaitement viable. La douleur de l'accouchement grave de profondes crevasses sur son visage. Sa voix se mue en cri perçant.

L'homme est consterné, horrifié, terrifié. Il prend ses jambes à son cou.

La femme est épuisée. Elle s'effondre.

Quand l'homme arrête de courir, il réfléchit.

Voici le fruit de ses réflexions : « Elle doit vraiment m'aimer. »

L'homme rentre à la maison. Quand il arrive, la femme porte son paréo et son débardeur H&M. Elle n'a pas de mascara. Elle ressemble à une grosse Boule d'Amour en Peluche.

L'homme l'embrasse bien fort.

Ils se disent « je t'aime ».

La femme... se demande où il était passé.

4

Bataille rangée

Le cerveau de la femme est doté d'un petit compartiment (environ de la taille d'un pois chiche) qui comprend parfaitement qu'un homme, lorsqu'il se trouve dans une pièce avec ses collègues de bureau, ne risque pas de répondre « Moi aussi, je t'aime, Minou. Gros bisous » au téléphone.

Le reste de la femme s'énerve.

Quand l'homme était petit, il a fait l'un des trucs suivants :

1. Tirer sur un petit oiseau avec un fusil à pompe.
2. Enfermer le chien de la famille dans une boîte et taper sur la boîte avec un gros bâton.
3. Torturer un petit chat avec un pétard.

Ensuite, le petit garçon a eu honte. Il a porté le fardeau de sa culpabilité pendant des années. Puis il a grandi, trouvé une petite amie et il lui a tout raconté.

La petite amie croit que cette histoire, et le fait que l'homme la lui ait avouée, constitue la preuve de sa vulnérabilité, de sa sincérité envers elle, et par conséquent de son amour.

Elle ne comprend pas qu'il s'agit d'un Avertissement.

Un jour, alors que la petite amie est aussi fragile qu'une mésange, capricieuse qu'un chaton et éperdue d'amour que le chien de la famille, l'homme sort son fusil à pompe et lui tire dessus.

Tandis que la femme gît au sol, sanglotant, blessée, à se demander comment quelqu'un qu'elle aime autant a pu être aussi cruel envers elle, elle ne fait toujours pas le rapport.

DANS LES TRANCHÉES

La femme...

Surmonte son problème d'insécurité. Elle est à peu près sûre que l'homme reviendra si jamais elle lui fait une petite crise. Elle est douce et docile. Elle est heureuse d'aller au bureau, de rentrer à la maison, de prendre un verre de temps en temps avec ses copines et de se réveiller auprès de Lui. Elle se sent en sécurité. Elle fait l'envie de ses amies.

L'homme...

Se sent un peu nerveux. Il est persuadé

qu'elle lui est totalement dévouée. Il remarque que ses jambes sont carrément râpeuses ces derniers temps. Il remarque qu'elle porte constamment le même débardeur. Il remarque qu'elle est toujours là.

Il trouve que La Boule d'Amour en Peluche commence à faire un peu miteux.

Il alterne entre la mauvaise humeur et la culpabilité.

Elle commence à lancer de petites allusions aux dîners en tête à tête, aux fleurs et aux cadeaux. Ce qui l'énerve plus que tout. Il commence à penser qu'il s'est fait avoir. Cette femme lui a laissé croire que :

1. Elle n'était qu'une machine à sexe sans exigences particulières.
2. Elle était heureuse, rien qu'à être avec lui.

Maintenant, elle exige aussi des fleurs, des petits mots et des chocolats, sans raison particulière. L'homme considère qu'il s'agit de harcèlement. Cet homme veut « une soirée entre copains ».

La « soirée entre copains » sonne le glas de la tranquillité de la femme. Elle réfléchit. Voici ce qu'elle se dit :

« Je ne dois pas céder à la panique. Je ne dois pas me sentir menacée. Je ne dois pas lui montrer que je me sens menacée. Je dois traiter tout ça avec nonchalance. Je dois le laisser respirer. Je vais organiser une soirée entre copines. »

> Une soirée entre copines, c'est quand plus de deux femmes se retrouvent, pour boire un peu et manger beaucoup.
>
> **La gourmandise est le ciment de la solidarité féminine.**
>
> Les femmes aiment beaucoup plus manger qu'elles ne le laissent croire aux hommes. Elles aiment aussi parler de cul et lâcher de grands rires gutturaux. La plupart des hommes seraient tétanisés d'horreur s'ils se retrouvaient, sans protection, au cœur d'une soirée entre copines qui bat son plein.

Après le départ des copines, la femme tire le « truc noir » du fond du tiroir, le passe et attend... et attend. Même si l'homme rentre à plus d'heure, même s'il ne manifeste aucun intérêt pour sa tenue, elle ne dit rien. Le matin, elle demande gentiment : « Tu t'es bien amusé, chéri ? » Elle ne pousse pas son enquête plus loin.

L'homme relève le nez de son café-tartines. Il la contemple, loyale, aimante, faisant un gros effort pour être agréable. Et rétorque : « Alors, il faut toujours que je te raconte tout, c'est ça ? Je n'ai plus le droit de sortir avec mes potes tranquillement, pour une fois ? Je ne peux rien faire sans subir un interrogatoire ? » Sur ce, il part au bureau.

Le combat fait rage

La femme adopte une posture défensive. Elle serre les dents et tient bon. Lorsqu'elle ne peut plus dissimuler ses larmes, elle dit à ses copines qu'ils traversent « un moment difficile ».

L'homme n'arrive plus à contrôler le petit garçon qui est en lui. Il manifeste une cruauté quasiment compulsive, face à cette femme qui refuse obstinément de se défendre. Alors il cogne un peu plus dur. C'est plus fort que lui. Il veut voir jusqu'où ce pauvre animal idiot va se laisser maltraiter.

Quand l'homme s'arrête enfin de cogner et qu'il découvre le sang qui tache les plumes blanches du petit oiseau, quand il s'arrête de hurler et qu'il entend les glapissements de son ami canin dévoué, quand il s'immobilise une seconde et qu'il sent le petit chat se frotter contre ses jambes...

Il s'en veut à mort.

Au cœur du combat, l'homme :

— Ne rappelle pas lorsqu'elle laisse des messages pour lui au bureau.

— Soutient qu'elle ne connaît rien à tel ou tel sujet.

— Rentre tard lorsqu'elle a invité un autre couple à dîner.

— Part en week-end sans elle.
— La laisse aller toute seule à l'anniversaire de sa mère ou au mariage de sa meilleure amie.

La femme a :

— Souri.
— Pleuré.
— Fait des excuses pour l'homme.

Elle se promet aussi de ne jamais oublier.

Quand tout est fini...

L'homme repense à tout ça et se sent passablement coupable.

La femme se dit : « La prochaine fois, il ne s'en tirera pas aussi bien. »

5

Alors c'est qui, le vilain garçon ?

Une femme n'est jamais tout à fait sûre que son amoureux n'est pas du genre Phobique de l'Engagement, Capable de la Tromper, Accro à la Pseudo-Intimité, Je-te-repousse-je-te-reviens, déguisé en type normal. Elle juge donc utile de se documenter un peu, rien que pour savoir à qui elle a affaire.

LES MAGAZINES FÉMININS LE SAVENT PARFAITEMENT.

Après la bagarre, la femme lèche ses plaies pendant un moment et l'homme cherche à se défaire de son sentiment de culpabilité. Donc...

Il l'invite à dîner au restaurant.

Il lui achète un cadeau.

Il va même jusqu'à l'emmener en week-end.

Elle... le laisse faire.

L'équilibre des pouvoirs commence à s'inverser insensiblement. Car la femme a appris deux choses :

1. Il n'est pas un dieu.
2. Il n'est pas parti.

Ils s'installent dans une routine douillette. Ils font quelques compromis. Elle n'organise plus toute sa vie en fonction de lui. Il lui demande si ça l'ennuie qu'il « sorte avec les copains ».

> Les « sorties entre copains » peuvent assumer diverses formes. Certaines exigent décor et accessoires : raquettes de tennis, clubs de golf, vieux potes de lycée, voire clients.
>
> Sinon, pas de chichis, c'est direct au bar.

RITUELS DE LA SORTIE ENTRE COPAINS

Quand les hommes – et encore, pas tous – parlent de leurs copines, ça ressemble à peu près à ça :

— Diane va bien ?
— Ouais. Et Cathy ?
— Très bien.
Pause.
— Tu as vu Sabine au service clients ?
— Ouais.
— Sacrée paire de nichons.
— Ouais.
Gloussements. Pause.
— Tu as vu le match hier soir ?
— Ouaaaais ! Ce dernier goal !
S'ensuit une conversation animée.

> Quand un homme quitte un tout petit peu plus tard qu'il ne l'avait annoncé une soirée entre copains, il affirme : « Merde, je suis bon pour coucher à la niche ! »

Quand l'homme rentre un tout petit peu plus tard qu'il ne l'avait annoncé...

La lumière du palier n'est pas allumée. Il fait très noir. Il a du mal à faire entrer la clé dans la serrure.

Une fois entré dans la forteresse, il se dirige vers la cuisine. Il ouvre et referme tous les placards et fait couler l'eau froide à pleine pression pendant de longues minutes. Puis il se souvient brusquement d'un truc. Quelque chose qu'il doit *absolument* retrouver.

Ce quelque chose peut être son premier insigne scout ou un rapport qu'il doit remettre demain matin à la première heure. Peu importe. Ce qui compte, c'est qu'il remette la main sur ce machin *maintenant.*

Quand l'homme rentre quatre heures plus tard qu'il ne l'avait annoncé...

La femme se réveille en sursaut. Elle vient tout juste de s'assoupir profondément après être restée au lit sans dormir au cours de la première heure de retard, avoir fulminé durant la deuxième heure, piaffé durant la troisième. À la fin de la troisième heure, elle a cessé de piaffer, fulminé à nouveau brièvement, et s'est levée pour éteindre la lumière du palier.

Quand elle entend l'homme dans la cuisine elle se sent à la fois soulagée et irritée. Elle fait semblant de dormir. Elle continue à faire semblant de dormir pendant plusieurs minutes, en attendant qu'il rampe, penaud et coupable, jusqu'à la chambre. Elle attend. Elle se demande si elle va ou non lui faire un câlin quand il rampera, penaud et coupable, dans le lit. Elle se dit que peut-être. Elle attend. Elle se dit : « Mais qu'est-ce qu'il peut bien foutre ? » Elle attend. Elle se fâche carrément, puis se lève et sort en titubant de la chambre.

Elle voit l'homme assis en tailleur au milieu du salon, les contenus de deux tiroirs et de plusieurs étagères étalés autour de lui. Elle craque : « Tu n'es pas le seul à vivre ici, tu sais. J'ai une réunion importante demain matin et j'aimerais bien pouvoir dormir. Qu'est-ce que tu es égoïste ! »

Elle se dit : « Génial, maintenant, je vais avoir des cernes sous les yeux. »

L'homme se dit : « Cette fois, je suis vraiment bon pour la niche. »

Le lendemain matin, l'homme sait qu'il a vu juste, parce que la femme s'adresse à lui d'une petite voix haletante et étranglée. Elle paraît grognon, elle a des cernes sous les yeux.

S'il tente un baiser (juste pour tester le terrain), elle fait l'indifférente.

Ils partent travailler. À six heures du soir, l'homme n'a pas le moral du tout. Il rêve d'une soirée tranquille. Il serait incapable d'affronter l'idée même d'une engueulade. Il fouille son cerveau embrumé, à la recherche d'un plan original et ingénieux qui désamorcerait la crise.

Il trouve : « Je sais, je vais lui offrir des fleurs. »

Offrir des fleurs...

Les hommes sont persuadés que...

1. Les femmes sont idiotes, avec leurs histoires de fleurs.
2. Offrir des fleurs, c'est jeter l'argent par les fenêtres, mais ça plaît aux femmes.
3. Les fleurs sont une sorte de panacée universelle pour les femmes. (Ce qui est vrai, en partie.)
4. C'est l'intention qui compte. (Ce qui est totalement faux.)

DES FEMMES ET DES FLEURS : LA VÉRITÉ

Si une femme reçoit au bureau une douzaine de roses jaunes à longues tiges dans une boîte ornée d'un ruban en satin...

Elle se fiche de savoir que c'est la secrétaire qui a téléphoné au fleuriste.

Le mot-clé : « au bureau ». Dès qu'une livraison de fleurs arrive au bureau, toutes les femmes présentes se disent : « Moi, moi, moi, mon Dieu, faites qu'elles soient pour moi... Salope. »

Elles s'exclament : « Elles sont SUBLIMES. Qu'est-ce que tu as de la chance ! Quel mec génial ! »

La femme brandit les roses dans le bus comme un trophée. Elle se dit : « C'est vrai, au fond, j'ai un mec génial. »

(Lorsqu'une femme en voit une autre rentrant chez elle avec un bouquet, elle pense : « Elle n'est pas si bien que ça... Ils ont dû lui offrir ça au bureau parce qu'elle a été virée. » Elle est verte de jalousie.)

Le type qui passe quarante-cinq minutes en pleine heure de pointe pour trouver une station-service qui vende des fleurs, puis rentre à la maison en serrant dans son poing quelques œillets flapis (et hors de prix) risque fort de retrouver ces mêmes œillets fanés dans l'évier de la cuisine le lendemain matin.

Le jour de la Saint-Valentin, on trouve toujours dans le train de banlieue une jolie fille, bien roulée, cheveux longs et jupe courte, portant une brassée de fleurs et de petites boîtes colorées.

Les autres femmes dans le train se disent : « Pourquoi les hommes craquent-ils toujours pour des pétasses ? »

Entre incidents mineurs et réconciliations, le couple poursuit son train-train quotidien.

La femme...

Se tape presque toutes les corvées ménagères. Paie la moitié des vacances et des sorties. Économise pour lui faire un beau cadeau à Noël. Récure les W.C. Regarde des vidéos de James Bond avec lui. Regarde les Grands Prix de Formule 1 avec lui. Râle un peu. Porte ses affaires au pressing. Appelle EDF. Reste à la maison pour attendre le type d'EDF. Achète une nouvelle housse de couette. Achète une nouvelle cocotte Le Creuset. Se tape presque tous les repas. A l'impression d'être une femme mariée. Râle un peu. Se dit qu'après tout, ils pourraient aussi bien être mariés.

L'homme...

Fait un plat de spaghetti de temps à autre. Accepte de l'accompagner voir un film de James Ivory, la semaine des quatre jeudis. Se demande comment il dépensera sa prime de fin d'année. Ne songe jamais au mariage.

Un jour, tandis que la femme attend le type d'EDF, elle décide de sortir le costume marine de l'homme pour le déposer au pressing en allant au bureau. Pendant qu'elle vide les poches, elle trouve quelque chose. Quelque chose qui réveille en elle tout plein d'émotions enfouies et – avait-elle espéré – oubliées.

Les trucs que les femmes trouvent dans les poches des costumes qu'elles vont déposer au pressing...

1. Une bout de papier avec « Nic a appelé » écrit dessus.
2. Une boîte d'allumettes d'un restaurant à la mode.
3. Une facture de Carte Bleue d'une station-service en province.

Aucun de ces objets n'est, en soi, incriminant...

Mais désormais, elles se méfient.

La femme décide que, dans ces circonstances, il devient primordial d'effectuer une Fouille en Règle.

Cette Fouille en Règle n'a rien à voir avec ses premières tentatives maladroites.

Cette Fouille exige des gants de chirurgien et un scalpel.

La femme se lance. Elle a désormais une mission.

Vers six heures du soir, l'homme est plutôt de bonne humeur. Il s'arrête en chemin à la supérette pour acheter les ingrédients de sa « recette spéciale » de sauce à spaghetti.

Il pousse la porte d'entrée en fredonnant une chanson...

6

Écarts et châtiments

Tout homme est parfaitement capable de faire allusion au cycle menstruel d'une femme au cours d'une dispute, s'il sent qu'il perd du terrain.

L'homme dispose de quelques phrases tout-usage dont il a constaté l'utilité lorsqu'une femme l'accuse. Les voici :

- Je ne voulais pas te blesser.
- Je croyais que c'était ce que tu voulais.
- Je suis là, non ?
- Je n'avais pas prévu. (Variante : c'est arrivé comme ça.)

Quand un homme affronte une femme aux sourcils froncés et aux narines dilatées, il résiste un moment. D'ailleurs, il peut même aller jusqu'à sautiller et à fredonner pendant quelques instants, dans l'espoir d'avoir mal interprété les signaux d'avertissement. Même quand la femme se met littéralement à gratter le sol de ses escarpins, l'homme se contente de se raidir pour le premier assaut. Il n'a aucune intention de gaspiller ses petits joyaux de rhétorique avant que cela ne devienne impératif.

En plus, il a besoin de savoir :

1. Le degré de sérieux de l'assaut.
2. Ce qui l'a déclenché, précisément.

CIRCONSTANCES DANS LESQUELLES LA FEMME ATTAQUE

La femme préfère attaquer lorsqu'elle a amassé assez de preuves pour justifier un bon coup de gueule suivi, si possible, de plates excuses et d'un comportement rectifié.

Si elle a trouvé des indices corroborant ses soupçons, par exemple :

- Une carte d'affaire des « Bijoux de Brigitte »
- Un paquet de cigarettes d'une marque manifestement « féminine ».
- Un deuxième bout de papier avec « ..ic a téléphoné » écrit dessus

Elle se lance.

Mais...

Si une femme, pas mariée et amoureuse, retrouve un string en dentelle dans la voiture de son petit ami, ou une lettre disant « je t'aime aussi », elle se contente parfois de vomir, pleurer, remettre le string et la lettre précisément où elle les a trouvés, prendre un bain et lui préparer son dîner préféré.

Qu'elle décide ou non de brandir devant l'homme les preuves de sa culpabilité à ce stade, la femme fera de ses Fouilles en Règle une affaire de routine. Dès cet instant, la femme sera au courant des moindres faits et gestes de l'homme. S'il lui ment, elle le saura toujours.

L'ATTAQUE

La femme s'y est préparée toute la journée. Par conséquent, elle consume quasiment toute son énergie dès la première charge.

L'homme ne demeure jamais longtemps dans l'ignorance de ce qui a déclenché l'attaque, précisément. En fait, il n'écoute vraiment que la première phrase, à la suite de quoi il réfléchit à toute vitesse à sa meilleure tactique défensive.

La femme lance toutes ses accusations (plus quelques autres en prime) et étale devant elle toutes les « preuves ». Ensuite, elle recule d'un pas et le foudroie du regard, triomphante, sûre de son bon droit et soulagée. Elle attend ses explications (et peut-être qu'il la supplie de lui pardonner).

L'homme répond : « Je n'arrive pas à y croire. Tu m'as fait les poches ? »

Cela déstabilise la femme. Elle a passé la journée à se monter la tête jusqu'à la frénésie, en se persuadant qu'elle avait « raison » et qu'il avait « tort », et maintenant, c'est elle qui se retrouve dans la position de l'accusé.

Elle se défend : « Je n'ai pas fouillé. » Elle sait que c'est un peu faible, comme réponse. « J'ai simplement... » – elle sait qu'elle perd du terrain – « .. et puis, si tu apportais tes costards au pressing toi-même... » Ça la remet en selle. Elle se sent un peu mieux. Elle rajoute quelques doléances sur le fait qu'elle se tape toutes les corvées ménagères, qu'elle fait tout pour lui et qu'elle a dû rester à la maison pour attendre le type d'EDF.

L'homme devine qu'il a repris l'avantage. Aussi longtemps qu'elle reste en mode « jérémiades », il peut gérer. Il cherche avant tout à ce qu'elle oublie ses griefs spécifiques aussi longtemps que possible.

Il se dit : « Bon, c'est parti. »

Cela provoque une engueulade tous azimuts qui fait rage inutilement pendant un bon moment, jusqu'à ce que la femme, dans un éclair de lucidité, se souvienne de ses Preuves et les brandisse à nouveau.

L'homme se tait un instant, soupire et lui dit sur un ton raisonnable, du style « mais ne sois pas idiote », qu'il y a une nana au bureau qui est, disons, folle de lui.

Il n'en a pas parlé à la femme, justement parce qu'il voulait éviter ce genre de scène. Il n'a pas dit à la nana du bureau de remballer ses passions parce qu'il « n'aime pas blesser les gens ». Il n'avait pas « prévu » de dîner avec elle. « Ca s'est passé comme ça. » Ça n'a aucune importance pour lui. Serait-il là, si c'était le cas ?... Et quant au fait qu'elle se tape toutes les corvées ménagères, eh bien, il est désolé. Il pensait que c'était ce qu'elle voulait.

Il la serre dans ses bras. Elle renifle un peu.

Il lui apprend qu'il avait l'intention de lui mitonner sa « recette spéciale » de sauce à spaghetti ce soir. Elle voudrait revenir une heure en arrière. Elle lui offre de lui confectionner son plat préféré.

Il dit, non, il est trop tard maintenant. Ils vont manger une pizza, et c'est lui qui ira la chercher.

Tandis que l'homme sort prendre la pizza, la femme réfléchit. « Qu'est-ce que j'ai été idiote. J'aurais mieux fait de me taire. On aurait pu passer une soirée vraiment agréable. Enfin, je serai absolument adorable avec lui lorsqu'il rentrera. Je ne prononcerai plus un mot sur cette affaire. Pas un mot. Je ne veux pas faire la possessive. Si je suis vraiment cool, tout ira bien. On oublie. »

Il est déjà tard lorsqu'ils terminent leur pizza.

La femme est douce comme du cachemire et bavarde de choses et d'autres avec l'homme.

L'homme sourit, acquiesce et manifeste nettement ses envies de câlins, en ajoutant qu'on débarrassera la table demain.

La femme sourit et acquiesce.

Plus tard, elle se dit que la cuisine va sentir trop mauvais si elle ne jette pas la boîte de pizza. Elle offre d'aller chercher un verre d'eau et en profite pour ranger un peu la cuisine, pendant qu'elle y est.

En revenant vers la chambre, elle remarque la veste de l'homme, suspendue à une chaise. Elle lutte contre l'envie de fouiller.

Quand elle se glisse dans le lit, l'homme lui dit : « Merci, ma chérie » pour le verre d'eau. Il l'enlace et s'endort aussitôt. Un soupçon de sourire, enfantin et adorable, s'esquisse sur ses lèvres.

La femme le caresse distraitement. Elle le

dévisage. Elle repense à la veste. Elle se souvient des Nausées du Premier Mois. Elle révise les arguments qu'il lui a fournis, un par un. Elle re-repense à la veste. Elle le re-dévisage. Elle pense à... un crocodile.

7

Capri, c'est fini...

Paroles de femmes

– Tu sais, comme je n'arrive jamais à convaincre la femme de ménage de changer les draps ?

– Oui... ?

– Je dois toujours lui laisser des mots pour la supplier de le faire.

– D'accord.

– Eh bien, quand j'ai fait un déplacement la semaine dernière, je n'ai pas laissé de mot.

– Ah bon.

– Les draps ont été changés.

Pause, lourde de réflexion.

– T'en penses quoi ?

Une analyse détaillée de quarante-cinq minutes s'ensuit.

Parfois, lors d'une fouille, la femme fait une découverte qui l'anéantit. Parfois, elle en a plus que marre d'attendre le type de l'EDF. Parfois, dans ces circonstances, elle commence à se dire qu'il vaudrait mieux « le quitter ». Toutes les femmes disent que « dans ces circonstances », elles le plaqueraient. Cependant, curieusement, la femme a le sentiment que si elle le plaque, comme ça, sans coup férir, il « s'en tirera trop bien ».

En plus, elle « l'aime » encore.

Toutefois, elle commence à entretenir de vagues fantasmes d'un petit appart sur jardin, avec un petit chat, pourquoi pas ? Elle pense que ce serait bien de pouvoir inviter ses amis à la maison quand elle veut. Elle pense à tout ça en se rendant au travail, en retard parce qu'elle a dû passer au pressing. Ce ne sont que des rêveries en l'air, et elle ne Lui en parle évidemment pas.

Une femme dans cet état d'esprit peut vraiment pourrir la vie d'un homme. Elle entame une petite campagne... rien que pour lui faire savoir qu'elle n'est pas dupe et qu'il ne va pas s'en tirer comme ça.

CE QUE FAIT UNE FEMME LORSQU'ELLE SONGE VAGUEMENT À QUITTER UN HOMME

• Elle se fait couper les cheveux. Court. (Lorsque l'homme s'écrie : « Mais j'adorais tes cheveux », elle rétorque : « Quel macho. Tu penses que toutes les femmes devraient avoir les cheveux longs et des jupes courtes ? »)

• Elle flirte de façon éhontée avec son meilleur ami. (Lorsque l'homme boude, elle s'exclame : « Mais qu'est-ce que tu as, encore ? »)

- En public, elle est toujours joyeuse et de bonne humeur. En privé, elle est incroyablement grognon et de mauvaise humeur.
- Elle se raidit dès que l'homme la touche.
- Elle rentre tard de ses sorties avec les copines et arrive à la maison un peu échevelée, l'air mystérieux.
- Elle soupire et lève les yeux au ciel dès que l'homme émet une opinion.
- Elle efface accidentellement ses vidéos de James Bond.

Après avoir subi ce traitement à haute dose, l'homme se risque à dire : « Écoute, je crois que je vais aller dormir chez Bob quelques jours. »

La femme verse des larmes amères et répond : « Comment peux-tu me faire ça ? »

> Quelles que soient les circonstances de la rupture, au fin fond d'elle-même, la femme considère toujours qu'elle a été plaquée.

Lorsqu'un homme va « dormir chez Bob quelques jours », il ne s'imagine absolument pas qu'il la quitte. La femme l'en soupçonne. Ses amies en sont persuadées. Mais l'homme, ce bienheureux, pense tout simplement qu'il va « dormir chez Bob quelques jours ».

L'homme n'aime pas brûler les étapes

L'homme pense que s'il va dormir chez Bob quelques jours...

1. Il peut faire des conneries quand il veut (sans blesser quiconque).
2. Il peut revenir quand il veut.

L'homme ne prend qu'un tout petit sac de voyage.

La femme pleure un peu moins lorsqu'elle s'en aperçoit.

L'homme lui propose de venir avec lui chez Bob. Ils pourraient ensuite aller manger des pâtes lorsqu'il aura déposé son sac.

Au début, la femme ne supporte pas cette idée, mais finalement, elle y va. Elle supporte encore moins l'idée de dîner sans lui.

La femme ne peut pas avaler une bouchée.

L'homme dit : « J'ai toujours bien aimé les linguini, ici. »

La femme ne comprend pas qu'il puisse dire ça, à un moment pareil. Elle a à nouveau envie de pleurer. Elle se met à pleurer.

L'homme se dit : « Ah, et puis merde. » Il lui propose de rentrer avec lui chez Bob. Au début, la femme ne supporte pas cette idée mais, finalement, elle y va. Elle supporte encore moins l'idée de passer la nuit sans lui. Elle dort avec lui sur le canapé-lit de la chambre d'amis de Bob.

Le lendemain matin, la femme rentre chez elle. Elle a hâte de prendre un bon bain, parce qu'il n'y avait pas une seule serviette propre chez Bob. Elle songe vaguement à un appart sur jardin avec des petits chats.

La femme passe les premières semaines de leur séparation à raconter à ses amies qu'ils traversent une période difficile et qu'ils ont décidé de prendre un peu de recul. Elle insiste sur le fait qu'il s'agit d'une décision mutuelle. Le soir, elle résiste à l'envie de l'appeler, redécouvre les symptômes de la Nausée du Premier Mois et pleure sur son oreiller parce qu'il l'a « quittée ».

Un soir (généralement au moment où la femme a cessé de pleurer sur son oreiller), l'homme l'appelle. Il lui dit à quel point elle lui manque. Il dit qu'il aimerait bien la voir ce soir. C'est la Phase Trois qui recommence.

La femme...

S'épile les jambes. Se lave les cheveux. Met des draps propres. (Notez, elle n'a aucune intention de le laisser passer la nuit avec elle.) Se maquille. Choisit sa tenue. Change d'avis. Refait son maquillage. Passe sa jolie lingerie. (Notez, elle n'a aucune intention de la lui montrer.) Se demande où il va l'emmener dîner. Se demande s'il a bien parlé de dîner. Se dit : évidemment, qu'il veut m'emmener dîner. Se dit : s'il s'imagine que je vais le laisser... Ouvre le frigo pour vérifier qu'il reste du jambon de Parme et du fromage. Attend...

L'homme...
Achète une bouteille de vin à la supérette.

Quand la sonnette résonne, le cœur de la femme fait un bond.

Bien plus tard, après avoir bu le vin, tandis qu'il farfouille dans le frigo pour trouver du fromage, elle se demande si elle a bien fait. Elle se demande si ça veut dire qu'il revient. Elle se dit : « S'il revient, au moins je saurai où j'en suis. »

L'homme se dit que c'est bien agréable de trouver du fromage dans le frigo et des serviettes propres dans la salle de bains. Il se dit aussi que c'est agréable, de retrouver sa nana. Il se dit enfin : « Je pense que je vais revenir m'installer ici pendant un bout de temps. On verra comment ça se passe. »

8

Ça passe ou ça casse

Toute femme a l'aptitude de dévorer une assiette de petits fours, tenir un verre de vin et converser avec plusieurs personnes simultanément, tout en étant capable de repérer trois secondes de contact visuel entre son homme et une blonde de l'autre côté de la pièce.

Si l'homme est assez bête pour sourire en même temps, il sera placé sous haute surveillance pour le reste de la soirée.

L'homme, ce bienheureux, ne s'en rend pas compte.

Lorsqu'ils rentrent chez eux, l'homme remarque que la femme ne parle pas.

Il se risque à lancer : « ... c'était sympa, cette fête. »

La femme rétorque : « En tout cas, toi, tu avais l'air de bien t'amuser. »

Si le couple décide de se rabibocher et...

— Qu'elle déteste toujours la façon dont il tient son couteau

— Il arrête d'essayer de l'embrasser...

... ils se quittent.

Quand un couple se sépare

La femme...
— est anéantie
— pleure beaucoup
— maigrit
— le déteste
— l'aime encore
— le déteste
— met un siècle à se retrouver un nouveau mec
— finit par s'en remettre.

L'homme...
— est déprimé
— se retrouve une nouvelle nana au bout de deux semaines
— repense à Elle affectueusement
– ne s'en remet jamais vraiment.

Mais...
Si elle trouve assez craquante sa façon de tenir un couteau comme un stylo et s'il s'obstine à essayer de l'embrasser, ils s'embarquent généralement pour le long cours. Un couple peut rompre et se rabibocher pendant des siècles, à cause du Chewing-gum d'Amour.

EXEMPLES DE CHEWING-GUM D'AMOUR

Une photo encadrée du couple en vacances, resplendissant de bonheur et l'air « amoureux ».

Une conversation, très tard dans la nuit, qu'ils ont eue très tôt dans leur histoire, au cours de laquelle ils ont décidé que, s'ils avaient un fils, ils l'appelleraient Sébastien.

L'homme aime le cul de la femme.

La femme aime le cul de l'homme.

Le robot jouet que la femme a fait livrer à l'homme, un jour, sans raison particulière.

Le week-end surprisc à Paris.

Leur restaurant.

Quelque chose qui les a fait tellement rire qu'ils ont dû quitter le restaurant.

Le petit surnom qu'elle lui donne. Le petit surnom qu'il lui donne.

> Le Chewing-gum d'Amour se dissout insensiblement avec le temps mais en général, il en reste toujours un bout qu'on ne peut retirer qu'en s'y attaquant avec persistance.

Le Chewing-gum d'Amour est le lien qui unit les couples, parfois pendant très, très longtemps. En tout cas, pour sa mère à lui, c'est très, très long. Un jour, maman lâche :

« Alors, quand allez-vous nous faire plaisir et vous marier ? On aimerait bien avoir des petits-enfants avant d'être trop vieux pour en profiter. »

(Sa mère à elle lui a dit le même truc quand ils ont emménagé ensemble. Elle n'en a plus jamais reparlé.)

Quand belle-maman prononce la question fatidique, la femme s'arrête un instant de servir les pommes de terre sautées, et se tourne vers Lui avec un petit sourire crispé... pendant une méga-seconde. Puis elle se tourne vers son père et lui sert des pommes de terre sautées.

L'homme répond alors :

« Bon sang, maman, lâche-nous les baskets. Si nous décidons de nous marier, ce sera quand nous serons prêts. De toute façon, nous sommes parfaitement heureux comme ça. Pas vrai, Minou ? »

Minou refait son petit sourire crispé et gêné, et rapporte le plat de pommes de terres sautées à la cuisine.

À vrai dire, la femme est assez satisfaite de son sort depuis un bon bout de temps. Depuis qu'il est rentré de chez Bob, elle va bien. Elle a pu dire à ses amies, avec une certaine sincérité :

« Je suis vraiment heureuse de la manière dont ça se passe entre nous. On finira bien par se marier, parce que, enfin, on voudrait des enfants un jour, mais pour l'instant... »

Sur l'essentiel, la femme est du même avis que l'homme. Ils sont effectivement heureux comme ça et la décision leur revient. Seulement, il y a un grand « mais »...

Alors qu'ils rentrent chez eux, ce « mais » reste suspendu entre eux, entouré d'un énorme nuage gris. Ça les empêche de parler. Le nuage du « mais » se condense et commence à lâcher de petites gouttes, vraiment toutes petites, mais qui forment des flaques.

Ce soir-là, elle se couche assez tôt et il reste devant la télé pendant un moment.

L'homme et la femme parvenus au stade du « mais » sont sans doute devenus assez bons amis.

La femme proclame fièrement : « Je suis sa meilleure amie et il est le mien. »

L'homme marmonne : « En fait, finalement, on est assez amis. »

> La femme considère que le fait d'être « meilleurs amis » est une composante clé du Chewing-gum d'Amour.
>
> Pour l'homme, en revanche, le fait d'être « meilleurs amis » lui fait comprendre qu'il ne restera pas indéfiniment un gamin, ni un chef-d'œuvre de la nature.

Une zone de basse pression se crée.

La femme nimbée d'un nuage de « mais » vit un dilemme. Car elle sait parfaitement qu'elle n'a pas le droit de poser un ultimatum.

1. Parce que ce n'est pas cool.
2. Parce qu'elle risque de se faire plaquer.

Elle décide de montrer à l'homme à quel point sa vie serait plus agréable si elle était sa femme.

Elle s'y prend en agissant comme si elle l'était déjà.

L'homme : fait des conneries.

Les conneries de l'homme ne ressemblent en rien aux petits flirts d'avant. L'homme sort avec l'intention ferme de se faire une nana. (Plus tard, il le niera farouchement aux deux femmes.)

L'homme a besoin de savoir deux choses :

1. En est-il encore capable ?
2. En a-t-il encore envie ?

Il pense que cela répondra à la question du « mais ».

La femme songe à tout ce qu'elle a investi dans cette relation. Elle décide qu'il est temps pour elle d'encaisser un retour sur investissement.

Peu importe le nombre de tempêtes suscitées par l'homme, elle conserve la tête froide.

De la glace commence à se former dans les flaques.

9

Le bras de fer

Toute femme est persuadée que, si elle arrivait seulement à éloigner son homme de tout (Boulot/Loisirs/Épouse/Maîtresse/Mère), il la redécouvrirait subitement dans toute sa splendeur. Si seulement ils pouvaient se retrouver en tête à tête sur une plage déserte au bout du monde, sans la moindre distraction, il irait peut-être jusqu'à parler de ses sentiments.

Si l'homme accepte de l'accompagner sur une plage déserte au bout du monde, elle remplit deux gros sacs de voyage de vêtements assortis et d'un tas de produits de beauté aux extraits de fruits.

L'homme prend un short, un polo et un bob.

Lorsqu'ils parviennent enfin à la plage l'homme est un peu à cran, parce qu'elle passe son temps à porter son polo et son bob.

La femme boude parce que l'homme trouve toujours quelque chose à faire, ne parle jamais de ses sentiments et l'engueule parce qu'elle porte son bob.

Dans toute relation au long cours, il arrive un moment où le fantasme suprême de l'homme, c'est que la femme disparaisse sans heurts ni fracas. Elle laisserait derrière elle une bouteille à moitié vide de vernis à ongles ou tout autre objet féminin peu encombrant, qui déclencherait en lui une douce nostalgie (et chez la nouvelle femme, des crises d'hystérie), ainsi qu'un petit mot. Le petit mot, idéalement, laisserait entendre que bien qu'elle sache qu'il vaut mieux se quitter, elle n'éprouvera plus jamais les mêmes sentiments pour un autre homme, et que si jamais il se retrouve seul, un peu bourré, regrettant le bon vieux temps à quatre heures du matin la veille du jour de l'An, il peut toujours l'appeler.

Sachez qu'il existe deux obstacles majeurs à ce projet :

1. Les hommes sont trop lâches pour en parler aux femmes. Ils préfèrent laisser une querelle à propos de l'endroit où ils ont garé la voiture s'envenimer jusqu'au stade où ils crieront : « De toute façon, je ne sais pas ce qu'on fait ensemble. » Les femmes l'ignorent. Pour elles, il s'agit simplement d'une querelle idiote à propos de l'endroit où ils ont garé la voiture.

2. Les femmes sont dotées d'un radar

interne capable de rivaliser avec celui des chauves-souris lorsqu'il s'agit de détecter une zone possible de rupture amoureuse. Elles connaissent le jeu. Ça s'appelle un bras de fer. Aucun homme n'a l'endurance d'une femme à ce petit jeu-là.

COMMENT JOUER AU BRAS DE FER

ELLE...

Fait semblant de ne pas s'apercevoir des indices les plus évidents de ses incartades.

Est douce et sexy.

L'appelle par son petit surnom.

Lui prépare son petit déjeuner.

IL...

Est un peu perplexe.

ELLE...

Casse sa tire-lire pour lui acheter un cadeau dont elle sait qu'il rêve.

Ne lui demande pas pourquoi il arrive en retard, et ne l'interroge pas sur le numéro de téléphone inconnu qui apparaît sur la dernière facture détaillée.

Se souvient de l'anniversaire de sa mère à lui.

IL...
Toujours perplexe, commence à se sentir un peu coupable.
Puis : s'attendrit.

ELLE...
Aborde le sujet de « notre avenir ».

IL...
Se sent pris au piège.
Puis : panique.

ELLE...
Pleure. Beaucoup.

IMPASSE !

Au stade des pleurs abondants, l'homme revient brièvement à l'étape « incartades » et la femme fait machine arrière à toute vitesse pour revenir au premier stade du Bras de Fer, et ça repart.

Il faut savoir que la partie de Bras de Fer peut se prolonger indéfiniment. D'autant plus si la femme a décidé de tenir jusque ce qu'il lui passe la bague au doigt.

Car toute femme sait parfaitement que les hommes sont :

1. Sentimentaux
2. Adeptes des solutions concrètes

3. Paresseux

Au vu de ces caractéristiques, la partie de Bras de Fer peut finir par obtenir des résultats. Puisque l'homme ne se réveille jamais pour découvrir un petit mot sur l'oreiller, puisque le bon vieux temps lui manque vraiment, puisque le fait de partir, lui, exigerait un effort considérable, puisqu'il n'a qu'une envie, c'est qu'elle arrête de pleurer... l'homme peut céder. L'homme peut lui demander de l'épouser.

LES FEMMES LE SAVENT.

Variantes du Bras de Fer

Certains hommes connaissent par cœur les tactiques du Bras de Fer. En général, il s'agit d'hommes de plus de quarante ans, du style tombeur fou ou divorcé. Lorsque ces hommes pressentent qu'une partie de Bras de Fer se prépare, ils sourient *in petto* tout en dévorant leur petit déjeuner maison, et en se disant :

« On ne me la fait pas à moi, chérie. »

C'est ce genre d'homme qui dit, dès le deuxième rendez-vous :

« Je n'ai aucune intention de me marier. »

Il pense qu'en disant ça, il s'est parfaitement dédouané et qu'il s'est aménagé une sortie de secours.

L'homme ne se rend pas compte que la femme qui a conservé son sang-froid et s'est accrochée malgré cet avertissement est sans doute une championne, elle aussi. Une femme ayant vécu quelques années avec un homme qui fuit les engagements connaît ses points faibles sur le bout des doigts. Elle mobilise ce savoir-faire afin de créer une partie Bras de Fer au scénario si complexe, truffé de coups et de contre-coups d'une telle subtilité, qu'il sait à peine qu'il est engagé dans la partie. Lorsque le Bras de Fer tourne au thriller psychologique, la femme peut mener le jeu pendant très longtemps. L'homme peut céder. Il peut lui demander de l'épouser.

Le Joker de « l'autre femme »

Si l'homme veut vraiment quitter la partie, il jouera quelques matches avant d'appeler du renfort. Il peut alors opter pour le Joker de « l'Autre Femme ». C'est un coup dur, que l'homme n'envisage qu'en dernier recours. Hélas, la femme ne lui accorde pas l'option de la subtilité. L'homme préférerait laisser traîner quelques indices, affronter une dernière crise de larmes cataclysmique, puis revenir à sa distrayante existence de célibataire. Mais la femme engagée dans une partie de Bras de Fer fait semblant de ne s'apercevoir de rien. L'homme doit découvrir son jeu de façon de plus en plus évidente. Ce qui lui pose un double dilemme :

1. C'est à lui de donner le coup de grâce. Ça, il déteste.

2. L'Autre Femme prend de plus en plus confiance et commence à se préparer à adopter le rôle de successeur. Ça, il déteste.

Et puis, il songe avec horreur que tout le monde va le traiter de salaud. La femme peut dominer ce jeu-là très, très longtemps. L'homme peut céder. Il peut lui demander de l'épouser.

La sortie de piste

Parfois, la femme se réveille après une crise de larmes particulièrement amère, titube jusqu'à la salle de bains pour faire pipi et s'aperçoit dans le miroir. Il lui renvoie l'image d'un visage défiguré par les stigmates d'un Bras de Fer prolongé. Elle fixe longuement ce visage, détaillant les sillons livides qui le marquent depuis des jours et des jours. Elle s'entend mendier, supplier, geindre et cajoler. Elle en est consternée. Cette femme est tout à fait capable de rentrer dans la chambre pour faire ses valises. Cette femme est au bout de ses larmes. Elle jette l'éponge.

Le plus curieux, c'est qu'après avoir jeté l'éponge, recommencé la gym, décidé de céder à un accès de Nausée du Premier Mois... l'homme l'invite tout d'un coup à déjeuner. Il peut même lui demander de l'épouser.

10

Trop, trop peu, trop tard

Lorsqu'une femme amoureuse qui rêve de se marier assiste à un mariage avec Lui, elle marche sur des œufs.

Elle ne sait pas si le fait d'assister à un mariage l'aidera à « comprendre enfin » ou s'il précipitera un accès de panique.

Elle se demande si elle doit tenter de croiser son regard au moment des vœux. Elle décide plutôt de laisser sa main pendre le long de son corps. Au cas où il voudrait la presser.

Elle décide que d'attraper le bouquet de la mariée, ce serait un peu lourd, et s'arrange pour être aux W.C. au moment crucial. Au cas où il s'imaginerait qu'elle essaiera de l'attraper.

En rentrant à la maison, elle est adorable et elle tente de ne pas trop parler de la cérémonie, au cas où il aurait « enfin compris » et qu'il soit en train d'y réfléchir.

L'homme se demande s'il a raté le début du match.

Parfois, l'homme demande la main de la femme bien avant que le Bras de Fer ne dresse son poing grimaçant. Le plus souvent au cours de la Phase Trois. La demande en mariage de Phase Trois est généralement suscitée par les circonstances suivantes :

- L'homme est déjà marié.
- La femme est déjà mariée.
- La femme est sur le point d'émigrer en Australie.
- Toutes les réponses ci-dessus.

La demande en mariage de Phase Trois est la plupart du temps passionnée. Souvent, l'homme et la femme sont au moins partiellement déshabillés. La bouche de l'homme effleure l'oreille de la femme et tout d'un coup il s'entend dire : « Épouse-moi. » Ils sont tous deux un peu étonnés. Murmures et cascades de baisers s'ensuivent.

Si la demande de mariage de Phase Trois surgit au moment du petit déjeuner, elle peut conduire au mariage. Toutefois, dans ces circonstances, la femme préfère tirer quelques points au clair. Elle commence à parler d'avocats, de projets d'installation, de timing et de difficultés générales. L'homme, passablement soulagé qu'elle n'ait pas accepté tout de suite, répond simplement : « Oui, ma chérie. »

La femme ne dit pas simplement « Oui, mon chéri » parce que :

1. Au fond, elle n'est pas la créature romantique qu'elle croit être. Au fond, c'est une petite femme pratique.
2. La femme considère qu'une Demande Passionnée doit être suivie d'une Demande en Bonne et Due forme.

La Demande en Bonne et Due Forme

Elle se produit après que...

1. Le divorce a été prononcé.
2. Elle est rentrée d'Australie.
3. Ils forment un couple « officiel » depuis quelques mois.

Les Demandes en Bonne et Due Forme exigent de la part de l'homme beaucoup de prévoyance. Les hommes qui optent pour la Demande en Bonne et Due Forme peuvent manifester une créativité insensée lorsqu'il s'agit de mettre au point un scénario romantique. Une authentique Demande en Bonne et Due forme exige une bague.

> En réalité, les hommes adorent acheter une bague de fiançailles, bien qu'il s'agisse d'un secret bien gardé.

Voici pourquoi :

1. Les hommes adorent dépenser une fortune, une fois qu'ils se sont décidés d'eux-mêmes.

2. Les hommes sont persuadés qu'en brandissant une bague de fiançailles au bon moment ils prouveront à quel point ils sont romantiques.

3. Les hommes sont convaincus qu'ils sont dotés d'un goût exquis en matière de vêtements et de parures féminines.

Lorsque la Demande en Bonne et Due forme se produit (généralement après des subterfuges insensés qui ont passablement exaspéré la femme), elle éprouve plusieurs émotions contradictoires :

1. Elle est encore un peu énervée.
2. Elle est ravie et se sent terriblement coupable de s'être énervée contre lui.
3. Elle veut absolument en parler à quelqu'un.
4. Elle n'aime pas la bague.

Lorsque la femme n'aime pas la bague, elle songe :

« Ooooh... il n'a jamais remarqué que je porte exclusivement de l'or blanc ? Comment lui dire ? Je parie qu'il a emmené cette pétasse ringarde qui travaille avec lui pour la choisir. C'est tout à fait son genre. Enfin, c'est bien simple, je ne pourrai jamais la porter. »

C'est l'un des jours les plus heureux de sa vie.

> Très rarement, il arrive qu'un pauvre hère se trompe totalement sur ses chances de réussite lors d'une Demande en Bonne et Due Forme, à laquelle la femme rétorque un « non » sans équivoque. Ce cafouillage peut susciter alcoolisme et autres tragédies.
>
> Le plus souvent, la femme accepte parce que « c'est toujours agréable à entendre » et le drame des ruptures de fiançailles de dernière heure s'ensuit.

La demande en mariage « Et pourquoi pas, après tout ! »

Il s'agit là d'une variante moderne. Elle se produit lorsque le couple vit maritalement depuis assez longtemps. Ils se sont peut-être engagés dans une partie de Bras de Fer pendant un bout de temps, puis ils ont conclu un « accord ». Ce type de demande, en général, se produit un soir de semaine, dans leur appartement. La femme se consacre à une activité domestique routinière qui procure à l'homme un sentiment :

1. de familiarité
2. de réconfort.

Il est soudain mû par l'irrésistible impulsion de se lever pour l'enlacer, l'empêcher de continuer à trancher ses carottes et la demander en mariage.

La demande post-rupture

L'homme...

Se comporte bizarrement durant l'apéritif. Il la trouve ravissante. Il se dit : « Elle n'était pas aussi ravissante quand elle vivait avec moi... »

Marmonne une phrase à propos des bons moments qu'ils ont vécus ensemble. Marmonne une phrase sur le fait qu'ils se comprennent l'un l'autre. Marmonne le mot mariage.

La femme...

Reste assez distante durant l'apéritif. Trouve qu'il a mauvaise mine. Se dit : « Il avait bien meilleure mine quand il vivait avec moi. »

Se dit : « Bon sang, il essaie de me demander en mariage. »

Réfléchit à la proposition.

Certains hommes jouent à la roulette russe de la demande en mariage.

Ce genre de type se lance dès le deuxième rendez-vous : « Tu sais, je pourrais bien te demander de m'épouser un de ces jours. » Ils demandent en mariage des femmes auxquelles ils se doutent qu'ils ne plaisent absolument pas. Ils demandent en mariage des jolies filles dans des cafés. Ils demandent la réceptionniste en mariage tous les matins.

Ce jeu peut être palpitant mais les joueurs finissent toujours mal.

LE PLANNING POST-DEMANDE PRÉ-MARIAGE

La femme...

• En parle à tout le monde à la moindre occasion.

• Lui demande à qui il en a parlé.

• Pense à La Robe.

• Discute de La Robe avec ses amies.

• Affirme à ses amies qu'elle veut quelque chose d'un peu différent.

• Regarde vaguement des trucs un peu différents.

• Essaie une robe blanche traditionnelle.

• Décide qu'elle veut une robe blanche traditionnelle.

• Dit à ses amies que c'est lui qui veut qu'elle porte une robe blanche traditionnelle.

• Pense OÙ, QUAND, QUI.

• Lui demande de penser à OÙ, QUAND, QUI.

• N'attend pas la réponse.

• Discute avec ses amies de tous les mariages auxquels elle a jamais assisté.

• Décide que son mariage ne ressemblera à aucun autre mariage.

• Ne prend pas la peine de l'en informer.
• Se dispute avec sa mère à ce sujet.
• Commande les invitations.
• Commence à rédiger les invitations.
• Met de côté quelques invitations accompagnées d'une liste soigneusement rédigée, pour qu'il s'y mette à son tour.
• S'engueule avec lui parce qu'il ne s'y est toujours pas mis.

L'homme...
• Est sincèrement incapable de comprendre pourquoi elle en fait tout un plat.

Variante du planning pré-mariage
Les cérémonies juste pour les intimes sont projetées et exécutées avec le minimum de chichis.

La femme...
• Achète une tenue.
• Lui achète une tenue.
• Réserve une salle à la mairie.
• Réserve le restaurant.
• Rédige toutes les invitations elle-même.

L'homme...
Est là.

Les mariages en douce se produisent le plus généralement après une demande « Et pourquoi pas, après tout ». Le couple organise tout minutieusement, ensemble. L'homme n'en parle à personne. La femme n'en parle qu'à...

11

Le pouvoir de dire non

Paroles de femmes, bis.

— Enfin, il a emmené Charlotte dîner au restaurant et il lui a dit qu'il l'aimait encore.

— Oui ?

— Il s'est complètement effondré, tu vois, et il a dit à Charlotte que, même s'il était fiancé à une autre, Charlotte était toujours la femme de sa vie.

— Ah bon.

— Enfin, tu le crois, toi ?

— Quoi ?

— Cette autre bonne femme. Elle connaît ce mec depuis seulement trois mois et elle a déjà une bague de fiançailles au doigt.

Une analyse de quarante-cinq minutes s'ensuit.

Toutes les femmes ne rêvent pas de se marier. Et plusieurs femmes finissent par accepter la demande d'un homme qu'elles n'ont aucune envie d'épouser.

En général, ces femmes se marient quand même.

Raisons pour lesquelles les femmes se marient quand même

- Les femmes seules ne sont invitées qu'aux soirées entre copines ou aux dîners avec « juste nous deux ».
- Les femmes seules de plus de vingt ans ne sont invitées à des soirées chic ou à des dîners élégants que si l'on peut leur trouver « un cavalier ».
- Les femmes seules qui aiment leur chat font pitié.
- Les femmes seules se font draguer par les hommes mariés.
- Les femmes seules passent leur temps à se demander si elles vont céder une fois de plus à un accès de Nausée du Premier Mois.
- Les femmes seules se font toujours demander si elles aimeraient se marier et avoir des enfants un jour.

> Dès qu'une femme « a » un homme, les gens lui demandent s'ils vont se marier.
>
> Dès qu'une femme a deux hommes, les gens lui demandent quand elle va enfin se trouver « un » homme.
>
> Dès qu'une femme a plus de trois hommes, les gens s'imaginent que c'est une salope.

Tout cela est très déroutant. La femme peut tenter l'option « pas d'hommes » ou « liaisons secrètes », mais dans ce cas, les gens s'imaginent qu'elle est vieille fille ou lesbienne.

Elle ne comprend pas très bien pourquoi elle est aussi ennuyée que les gens pensent cela d'elle.

C'est un champ de mines.

Voilà pourquoi une femme peut se laisser happer par la vague nuptiale avant même d'avoir eu le temps d'y réfléchir.

Parfois, la femme répond effectivement « je dois réfléchir ».

En général, les hommes qui reçoivent cette réponse s'obstinent.

> Tout mâle célibataire est à peu près persuadé que la plupart des femmes ont envie de se marier.
>
> Il est encore plus persuadé que le plupart des femmes aimeraient l'épouser, lui.

La femme réfléchit un bout de temps.

Assez souvent, la femme n'a pas spécialement songé au mariage. Elle fait la connaissance d'un homme qui lui plaît assez. Tout se passe sans anicroche pendant un certain temps, et puis, par un beau dimanche matin, l'homme lâche : « Tu sais, il faut que je te dise que, enfin, je n'ai aucune intention de me marier. Avec qui que ce soit. »

Lorsque l'homme prononce cette phrase, il se produit un curieux phénomène. La femme n'éclate pas de rire en répondant : « En fait, à ma connaissance, je ne t'ai jamais demandé de m'épouser. » Elle dit plutôt : « Ah... non ? D'accord. Bien sûr. » Tout en pensant : « Pourquoi il a dit ça ? Pourquoi ne voudrait-il pas m'épouser ? Moi, j'aurai peut-être envie de l'épouser. Pas maintenant, non, mais un jour... peut-être. Peut-être qu'il est en train d'y penser, lui aussi. C'est peut-être pour ça qu'il en a parlé. »

Elle réfléchit un peu.

L'homme n'a pas conscience qu'en parlant ainsi, il n'est pas « tiré d'affaire ».

Non. L'homme vient en réalité de « lancer un défi ».

Parfois, la femme vit avec l'homme depuis un bon moment. Cet homme lui a demandé de l'épouser, d'un ton désinvolte et par-dessus la jambe, comme pour tester le terrain. La femme a réfléchi. Mais elle découvre qu'elle songe de plus en plus sérieusement à un joli petit appartement sur jardin, avec un petit chat.

Un jour, elle passe devant une agence immobilière et entre. Elle explique à l'agent ce qu'elle recherche. L'agent ne sait pas s'il doit rire ou la fixer dédaigneusement. Parfois, l'agent fait les deux. Si cet incident coïncide avec un anniversaire commençant par le chiffre « trois », le plus souvent la femme rentre à la maison et pense au mariage.

Raisons avancées par un homme pour ne pas épouser une femme

- Il est à un tournant de sa carrière.
- Il ne veut pas d'enfants.
- Il est fauché.
- Il est riche.
- Il se trouve trop jeune.
- Il se trouve trop vieux.
- Il ne tient pas à être monogame.
- Il aime être seul.

Raisons avancées par une femme pour ne pas épouser un homme

- Elle n'est pas « amoureuse ». (Mais elle y pense quand même.)

Étant donné que la vie de célibataire peut être usante, étant donné que l'homme à qui l'on répond « non » insiste, étant donné que ce sont les hommes qui font la demande... la femme est parfois tentée de succomber.

Elle succombe souvent.

Tout ce que les hommes ignorent

Aussitôt la demande acceptée, la femme qui a consenti ne se distingue extérieurement en rien de la femme qui a insisté.

12

Querelles et Lune de miel

Paroles de femmes, ter.

— Alors, on est en train de prendre le petit déjeuner et lui : « J'ai quelque chose à te dire. » Alors moi, enfin, je pense que... bref, il sort : « Je me marie. » Moi : « Quand ? » Lui : « Jeudi »... Tu le crois ! Le salaud !

— Salaud !

Pause pensive.

— Il n'a pas rappelé.

— Le salaud.

Une analyse de quarante-cinq minutes s'ensuit.

Dans le temps, les lunes de miel étaient l'une des deux occasions (avec la Demande en Bonne et Due Forme) permettant aux hommes de prouver à quel point ils étaient romantiques. L'homme avait le droit d'ourdir une lune de miel surprise, dont la destination était révélée à la mariée au cours du banquet nuptial. La femme n'avait qu'à patienter en acceptant ses réponses floues, lorsque, gloussante, elle le suppliait de lui « donner un indice ». Elle souriait en avouant, trépidante, à ses amies : « Il m'a dit de prendre un manteau de fourrure et de me faire vacciner contre le choléra ! »

Mais aujourd'hui, plus grand monde ne possède de manteau de fourrure.

Aujourd'hui, les couples préparent leur lune de miel ensemble, ce qui reflète leur égalité. Autrement dit : la femme fait quelques suggestions après la visite à l'agence de voyages et l'homme a le droit de veto.

En général...

• Les femmes préfèrent une destination ensoleillée où il n'y a rien à faire.

• Les hommes préfèrent une destination où il ne fait pas trop chaud et où il y a des tas d'activités.

Ils parviennent à un compromis.

En règle générale, ils choisissent une destination torride avec plein de sports nautiques, ou alors un endroit glacial avec plein d'églises.

Les agences de voyages le savent parfaitement.

Une lune de miel sous les Tropiques dure en moyenne deux semaines, mais personne ne peut supporter les églises glaciales plus de cinq jours. Donc, si le couple choisit les églises glaciales, il prévoit en général de se rendre dans un pays torride un peu plus tard.

Les agences de voyages le savent parfaitement.

Bien que monsieur n'ait plus le droit de jouer à la lune de miel mystère, il réussit en général à faire un coup d'éclat au cours du voyage.

Les coups d'éclat du jeune marié

- Tapisser la suite nuptiale de roses rouges.
- Faire livrer un cadeau à l'intention de « La belle Mme... »
- S'agenouiller pour réitérer sa demande en mariage.

Lorsqu'ils rentrent de lune de miel, la femme adore raconter l'anecdote à ses amies. Ce qu'elle passe sous silence, c'est leur querelle sanglante du troisième jour.

Ce qui déclenche les querelles sanglantes du troisième jour

- Comment retourner à l'hôtel en partant du Pont des Soupirs.
- Comment prononcer « prosciutto ».
- Une pétasse en bikini vert fluo.
- Un crétin en string vert fluo.
- La planche à voile.

Le couple se réconcilie assez rapidement après la querelle et généralement, tout va pour le mieux. Notamment parce que monsieur est heureux et détendu.

CE QUI SE PRODUIT LORSQU'UN HOMME DEMANDE À UNE FEMME DE L'ÉPOUSER

Avant de faire sa demande, il a vaguement conscience d'avoir toutes les cartes en main. Après, il est totalement abasourdi de la rapidité avec laquelle il perd le contrôle de la situation.

L'homme est tout à fait capable d'associer la *demande* au *mariage* proprement dit, mais il est rarement conscient de la vitesse à laquelle ce dernier devient inévitable.

> Plusieurs messieurs font leur demande en mai, en s'imaginant confusément que le mariage aura lieu au cours de l'été de l'année suivante, pour se retrouver fermement arrimés à l'autel dès le 15 septembre.

Après avoir trouvé le courage d'accomplir l'exploit insensé de la Demande, et fait ce qu'on attendait de lui, l'homme aimerait assez se reposer un moment sur ses lauriers. Au contraire, il traverse une période d'irritation mineure parce qu'on lui demande constamment de faire des choses dont il ne conçoit pas la nécessité. Il s'en remet assez rapidement. Tous ses potes lui donnent des tapes dans le dos, les filles l'embrassent et les gens lui offrent un verre. L'homme commence à s'habituer à l'idée. Plusieurs ont des flirts de dernière minute mais il s'agit d'un petit coup de folie. D'ailleurs, après coup, ils ne s'en souviennent même pas.

Une fois marié, l'homme a l'impression d'avoir repris le contrôle des événements. Il a aussi le sentiment d'être dispensé de tout décider. Il est alors capable de se transformer en très gentil garçon.

Quand le couple rentre de lune de miel, c'est en amoureux. Donc, ils n'arrêtent pas de se chamailler.

Il ne s'agit pas de querelles, mais de petites disputes idiotes concernant leurs rôles respectifs, leurs territoires et les règles de la vie de couple.

La plupart du temps, la femme les provoque. Une femme qui vient de se marier est capable de se transformer en très vilaine fille.

Ça se passe comme ça...

Lorsqu'une femme accepte d'épouser un homme, elle s'active. Chacun sait qu'un mariage, aussi modeste qu'il soit, tourne autour de La Mariée. Même si elle opte pour une cérémonie minimaliste, toute femme en instance de mariage et de lune de miel a plein de choses à faire. Au minimum, il faut trouver les tenues (pour Le grand jour, la veille et le lendemain, sans compter les douze ensembles coordonnés pour la lune de miel.)

Après le mariage et la lune de miel, elle est nettement moins débordée.

Un jour, alors qu'ils sont rentrés depuis plusieurs semaines, la femme passe au pressing en sortant du bureau. Elle doit reprendre sa robe de Princesse Fée. Elle rentre et accroche la robe de Princesse Fée au fond du placard, toujours enveloppée d'une housse en plastique. Elle doit l'écraser un peu à cause de la robe de fiançailles et des douze ensembles coordonnés pour la lune de miel.

Elle se déchausse et passe à la cuisine pour ranger les courses. Elle allume le gril et fait mariner les poitrines de poulet.

Ce faisant, elle prend conscience d'un phénomène qu'elle pressentait confusément lorsqu'elle a fait la lessive en revenant de la lune de miel. Une sensation curieuse. Logée au même endroit que, jadis, l'Alien de l'Insécurité. Elle sait bien qu'il ne s'agit pas de lui. Ce n'est Rien. Un petit creux. Une sensation de vide, au plus profond d'elle-même.

L'homme rentre à son tour et l'embrasse.

La femme hausse les épaules, insensiblement, avec un demi-sourire. Elle soupire et glisse les poitrines de poulet sous le gril.

L'homme est déstabilisé. Il demande d'un ton incertain si tout va bien.

La femme répond... « Très bien. »

> « Très bien » est une locution explosive lorsque la femme n'y ajoute rien.
>
> Lorsqu'une femme répond « Très bien », elle veut faire comprendre qu'en fait, tout va aussi mal que possible.

L'homme a déjà essuyé quelques querelles idiotes concernant les mots de remerciements pour les cadeaux de mariage ou le taux d'alcoolémie de son meilleur ami. Il reconnaît donc le ton, à défaut du mot-clé. Il passe au salon et lit son journal tout en regardant les infos.

Le femme se sent vide.

Quand le poulet est prêt, la femme appelle l'homme. L'homme leur sert deux verres de vin et s'attable.

Ils entament une conversation assez anodine, mais la femme ressent toujours cette sensation de vide. Donc, au bout d'un moment, elle passe un commentaire sur sa famille à lui.

> *Sa famille à lui...*
>
> Avant le mariage, la femme tend à considérer les membres de sa future belle-famille comme des alliés incontournables. Toutefois, cette relation s'érode assez rapidement après les noces. La femme accélère le processus en

passant des remarques acerbes sur eux le plus souvent possible.

Pendant un temps, l'homme ne remarque rien. Quand il remarque enfin, il fait comme s'il n'avait rien entendu.

Ce soir-là, cependant, il est un peu fatigué. Il en a marre. Il est légèrement énervé parce qu'elle ne l'a pas embrassé pour de vrai. Sa réaction est rapide, tranchante et décisive.

Cet homme vient de mettre le Holà.

La femme éprouve un petit Frisson d'Excitation lui parcourir le dos et remplir le vide. Elle fait machine arrière.

Ils finissent de dîner.

13

La bonne année

Un homme ne se réfère jamais à l'ex d'une femme par son nom. S'il est absolument nécessaire qu'il parle de ce type, il « oubliera » son nom ou le désignera par une généralité vaguement désobligeante concernant son job ou sa nationalité.

La femme sait parfaitement que le Frisson d'Excitation est un jeu dangereux. C'est pour ça qu'il lui plaît, et qu'il comble aussi efficacement la sensation de vide. Cependant, elle ne pousse pas trop loin.

Entre temps, leur vie se déroule ainsi :

La femme...

Se tape presque toutes les corvées ménagères. Paie la moitié des vacances et des sorties. Économise pour lui acheter un beau cadeau de Noël. Fait les courses. Récure les W.C. Regarde des vidéos de James Bond avec lui. Regarde les Grands Prix de Formule 1 avec lui. Râle un peu. Porte ses vêtements au pressing. Appelle EDF. Attend le type d'EDF. Achète une housse de couette pour la chambre d'amis. Achète une poêle Le Creuset. Prépare presque tous les repas. Râle un peu.

L'homme...

Prépare des pâtes de temps en temps. Accepte d'aller voir un film de James Ivory la semaine des quatre jeudis. Se demande comment dépenser sa prime de fin d'année.

L'homme trouve cette vie éminemment réconfortante. Il est très heureux.

Un secret

Rares sont les créatures terrestres aussi heureuses qu'un nouveau marié. Étant donné que les hommes se marient rarement à moins que tout n'aille bien côté job, côté argent et dans leur vie en général, le nouveau marié est convaincu qu'il est Le Seigneur du Château.

Il aime bien cette sensation. Il aime bien aussi mettre le Holà de temps à autre.

La femme aussi est très heureuse. Elle le clame haut et fort à ses amies. Mais... il y a un truc qui cloche.

La femme aimerait noter une différence plus marquée entre Avant et Depuis le mariage. Elle aimerait se sentir un peu plus mariée. Elle aimerait faire des trucs que les couples mariés font. Elle ne sait pas de quoi il s'agit.

> L'une des façons de découvrir ce que font les couples mariés, c'est de faire plein de trucs avec d'autres couples mariés.

Ainsi, les couples mariés aiment bien s'inviter les uns chez les autres pour faire des barbecues.

FAIRE UN BARBECUE

Les femmes...

Vont au supermarché. Achètent la viande. Préparent des salades. Achètent le pain. S'interrogent les unes les autres pour savoir qui achète le pain et qui prépare les salades. Remplissent de petits paniers de chips et de cacahuètes. Disposent tous les verres sur la table du jardin. Rapportent tous les verres dans la cuisine. Disposent les paniers de chips et de cacahuètes dans le jardin. Blaguent entre elles parce que les hommes vont sans doute faire tout un plat en allumant le barbecue.

Les hommes...

Font tout un plat en allumant le barbecue. Dévorent toutes les chips et les arachides. Demandent aux femmes d'apporter les verres dans le jardin.

Lorsque des couples mariés très sophistiqués font un barbecue, les hommes sont un peu plus discrets au moment de l'allumer. Les femmes disposent de petits machins exotiques dans des bols en bois d'olivier, à la place des chips et des cacahuètes. Elles préparent des poivrons grillés arrosés d'un filet d'huile d'olive plutôt que des salades. Et elles invitent au moins un célibataire. (De préférence un artiste, un homosexuel ou les deux à la fois.)

Après, quand la femme a fini de ranger les paniers (ou les bols en bois d'olivier) dans l'armoire au-dessus du frigo, elle comprend que le barbecue, ça n'était pas ça. Elle sent toujours le vide en elle.

Au cours de la première année de mariage, la femme recherche constamment des façons de combler le vide.

Voici comment elle s'y prend :

- Elle fait retapisser un fauteuil en tissu Kenzo.
- Elle achète tout ce qui n'a pas été offert dans la liste de mariage.
- Elle achète des coussins assortis au fauteuil Kenzo.
- Elle se demande comment elle pourrait faire retoucher sa robe de Princesse-Fée afin qu'elle puisse la porter à nouveau.

• Elle teste toutes sortes de nouvelles marinades.

• Elle se trouve un nouveau hobby ou centre d'intérêt.

Parfois, la femme consacre son énergie à son mari. Elle est persuadée qu'il devrait avoir un Hobby ou un Centre d'Intérêt. (Elle se dit également que cela résoudrait le problème des cadeaux de Noël.) Cette approche peut se retourner contre elle. Parfois, le mari se passionne pour son hobby. Surtout s'il s'agit d'un hobby qui peut être pratiqué dans un grenier, un garage, une remise ou à cent kilomètres de chez eux.

La sensation de vide de la femme s'intensifie.

Elle ne comprend pas ce qui cloche chez elle. Elle a tout. Un bon boulot. Un gentil mari. Sa maison. Des vacances d'été.

Elle rêve confusément d'un bébé. Elle se dit que non. Pas tout de suite. Elle n'est pas encore prête à renoncer à ses vacances d'été dans un lieu exotique.

Alors que se passe-t-il ?

Un jour, la femme s'arrête au kiosque à journaux en rentrant chez elle et s'achète un magazine. Ce magazine propose un article intitulé : « Construire son couple ». La femme s'y reporte dès qu'elle a consulté son horoscope et celui de son mari. « Construire son couple » l'informe que l'amour n'est pas une affaire de nuisettes froufroutantes et de petits plats maison. La femme se dit : « C'est clair. » « Construire son couple » affirme que les femmes d'aujourd'hui ont déjà assez à faire avec leur boulot. « C'est bien vrai », se dit la femme. L'Amour, aujourd'hui, est un partenariat entre égaux, martèle « Construire son couple ».

« Ouais... », songe la femme. L'Amour, aujourd'hui, se fonde sur la Communication.

Bingo.

« Alors c'est ça, se dit la femme. On a passé tellement de temps à arranger la maison, à préparer nos vacances, à inviter des amis qu'on ne discute plus. Pas depuis des lustres... »

La femme n'est pas idiote. La femme attend. La femme, lorsqu'elle vient d'apprendre qu'il faut Communiquer, rentre chez elle et, très probablement, prépare un petit plat maison avant de se glisser dans une nuisette froufroutante. (Équivalent branché : un carpaccio et un petit truc noir transparent.) Bien plus tard, lorsque l'homme se sent parfaitement satisfait et heureux de son sort et un peu ensuqué à cause des effets du carpaccio et du petit truc noir, la femme dit :

« Et si on parlait ? »

Lorsque l'homme entend cette phrase, il serait bien en peine d'expliquer l'effet qu'elle produit sur lui.

Il hésite un moment, puis dit prudemment : « Mmmm. Et si on dormait ? »

Il est alors capable d'induire un coma instantané, assorti des bruits d'un sommeil profond.

La femme reste éveillée. Elle sent le vide en elle. Elle se dit : « Je me demande si ce serait bien de faire faire des rideaux dans le même tissu que le fauteuil. »

14

L'étape Bébé

Les femmes qui appartiennent au club « J'ai vécu l'accouchement » sont persuadées que personne n'a traversé cette expérience comme elles.

Elles adorent le signaler à leurs amies toujours célibataires et aux hommes.

Avec leurs amies toujours célibataires, elles adoptent un ton tolérant, du style « Tu verras ».

Avec les hommes, elles tiennent le discours « Les femmes sont formidables et compétentes et les hommes sont nuls et pathétiques ».

Entre des descriptions détaillées comportant des mots comme « épisiotomie » ou « présentation par le siège », elles se plaignent du peu que leurs hommes font pour elles.

Il arrive fréquemment qu'un homme passe la bague au doigt d'une femme parce qu'il aimerait bien avoir des enfants.

Souvent, la femme, elle aussi, aimerait avoir des enfants, mais elle hésite parfois à franchir le pas.

Lorsque l'homme a envie de faire un bébé, il étonne tout le monde en offrant un cadeau spectaculaire, hors de prix et totalement inapproprié à son filleul, dont il ne s'était jamais préoccupé auparavant.

La femme, face à un homme qui agrippe huit cents euros d'équipement de téléguidage, est parfois si émue par son sourire radieux qu'elle commence à son tour à ressentir des envies de procréer.

Quand la femme tombe enceinte, elle n'en parle pas au début. Surtout pas au bureau. Elle se sent épuisée et un peu déroutée. Elle fait beaucoup pipi et elle découvre que l'odeur de la Pizza Fiorentina lui donne envie de mourir. Elle n'en parle toujours pas.

Un jour, sa sœur passe prendre un café. La femme fait pipi trois fois en une heure, puis fond en larmes et avoue. Après, elle se sent mieux. L'homme est très tendre et attentionné durant tout le processus, et il ne commande plus que des pizzas Quatre-Saisons. Il est ravi qu'elle en ait parlé à sa sœur.

Au bout d'un moment, ils parlent à leur entourage de la grossesse. Tout le monde est très heureux pour eux.

Eux aussi, ils sont très heureux.

La femme remarque que la sensation de vide a disparu.

Elle songe : « C'était donc ça. »

Elle arrête de dire : « Et si on se parlait ? » D'ailleurs, elle parle nettement moins. Elle se réfugie au royaume imaginaire des bébés à la moindre occasion. Parfois, elle est épuisée, avec une grosse envie de pleurer. Parfois, elle s'inquiète du bouleversement énorme que l'arrivée de bébé va provoquer. Elle redoute aussi que quelque chose se passe mal.

L'homme est très rassurant. Il est ravi de parler du bébé. Pour une fois, la perspective de « notre avenir » l'enchante.

Ils ont de délicieuses conversations tard dans la nuit sur les raisons pour lesquelles ils n'appelleront pas le bébé Sébastien, finalement.

C'est une période magique. Ils ont l'impression d'être le centre du monde.

Lorsque la femme commence ses contractions, l'homme ne se sent plus du tout important pendant un moment. Mais une fois l'enfant né, il se requinque aussitôt.

L'homme se sent important pendant approximativement cinq minutes.

Lorsqu'un homme et une femme créent un enfant, ils sont assez émerveillés d'eux-mêmes.

L'homme a tendance à être un peu plus émerveillé de lui-même que la femme.

Ils sont tous deux émerveillés par l'enfant. Ils s'inquiètent tous les deux.

L'homme d'aujourd'hui dit...

« C'est la chose la plus incroyable qui me soit arrivée. Le fait d'avoir un enfant m'a donné un but dans la vie. Je suis tellement conscient de devoir être là pour ce petit être. Ça a totalement bouleversé mon existence. »

L'existence de l'homme est totalement bouleversée pendant environ vingt-cinq minutes.

La femme d'aujourd'hui dit...

« Nous avons décidé tous les deux que le fait d'avoir un enfant n'allait pas bouleverser notre existence. »

L'existence de la femme est totalement bouleversée. À jamais.

Les femmes d'aujourd'hui ont le choix : soit elles restent à la maison avec leur bébé, soit elles retournent au boulot. La femme d'aujourd'hui qui fait les courses et paie la moitié des vacances et des sorties n'a pas besoin d'être un génie des maths pour deviner ce qui se passera si elle reste à la maison.

Après un petit séjour au pays des miracles, la plupart des femmes d'aujourd'hui ressortent le seul tailleur dans lequel elles entrent encore et retournent bosser.

La femme aborde alors une période de sa vie qui exige tellement de travail et si peu de sommeil que, plusieurs années plus tard, elle se demandera comme elle y a survécu. (Les femmes qui ne retournent pas travailler sont parfois capables de retarder le début de « l'Épuisement Total » jusqu'à la naissance du deuxième enfant.)

Ce que font les femmes souffrant d'Épuisement Total

- Elles ne se font plus colorer les cheveux.
- Elles reprennent un petit verre.
- Elles portent les mêmes vêtements tous les samedis.
- Elles reprennent un autre bout de pain.
- Elles achètent plein de croquettes de poisson.
- Elles portent les mêmes vêtements tous les dimanche.

Ce que font les maris des femmes souffrant d'Épuisement Total

- Ils emmènent les gamins au parc le samedi matin pendant qu'elle fait la grasse matinée.

L'homme adore emmener les gamins au parc.

Il se considère comme un bien meilleur père que son propre père, parce qu'il fait la bise à son fils et qu'il connaît l'âge auquel sa fille a commencé à lire.

L'homme se considère comme un parent « impliqué ».

Il compatit à l'Épuisement Total de sa femme. Il ne souffle pas mot sur ses cheveux et lui ressert parfois un autre verre.

Mais... quelque chose cloche.

Il a le sentiment de ne plus être le Seigneur du Château.

Il soupçonne insidieusement que d'autres personnes pourraient être un tout petit peu plus importantes que lui.

L'homme ressent un vide en lui.

Un soir, Sabine du service clientèle passe devant son bureau à six heures. Elle lui dit qu'elle est promue et qu'avec des collègues, ils vont prendre un pot. Elle dit qu'elle serait ravie qu'il se joigne à eux. Juste pour une heure.

Le cheveux de Sabine sont d'une couleur qui n'existe pas dans la nature.

15

On n'est jamais si bien que chez soi

Les hommes assurent aux femmes qu'elles sont beaucoup plus jolies sans rouge à lèvres. Puis, ils vont draguer une pétasse maquillée comme un camion volé.

Ça, ça énerve beaucoup les femmes.

Après avoir pris un verre avec Sabine du service clients, une chose a conduit à l'autre et quelque chose d'imprévu s'est produit. L'homme rentre plus tard que prévu.

Il rampe piteusement dans la chambre et voit sa femme Totalement Épuisée dormir à poings fermés. Ses cheveux de couleur naturelle sont étalés sur l'oreiller. L'homme passe voir son bébé en allant à la salle de bains. Il ouvre la douche à la pression maximum pendant de longues minutes. Puis il se glisse piteusement entre les draps.

La femme l'entend à moitié arriver. Lorsqu'il se met au lit elle lui fait un petit câlin. Elle ne remarque pas l'heure. Elle ne remarque pas non plus qu'il a les cheveux mouillés.

L'homme pense deux choses :

1. Qu'il s'est comporté comme un Vrai Salaud.
2. Qu'il semble s'en être tiré sans se faire pincer.

Le lendemain matin, la femme TE est assez guillerette. Elle lui montre les invitations pour l'anniversaire du petit, qu'elle a rédigées la veille. Ils sont d'accord : elles sont trop mignonnes. Elle parle vaguement de faire un barbecue samedi prochain. Elle sourit tout en lapant les restes de banane écrasée.

> *Manger les bananes écrasées*
> Cet acte n'exige ni couverts, ni assiettes. C'est une action réflexe. La main droite transporte les aliments vers la bouche tandis que l'assiette passe de la chaise de bébé à l'évier. Cela n'empêche pas de continuer la conversation en cours.
> La même méthode est utilisée pour : les petits-suisses, les mini-pizzas, les croquettes de poisson et les biscuits en forme d'animaux.

L'homme pense deux choses :

1. Il s'est comporté en Vrai Salaud.
2. Il ne s'est pas fait pincer, c'est désormais une certitude.

Pourquoi le mari d'une femme TE ne se fait pas pincer

La femme TE est souvent assez heureuse. En dépit de son état. Elle ne ressent aucun vide en elle. Elle se souvient à peine de l'existence de l'Alien de l'Insécurité. Elle est bien trop occupée pour fouiller.

D'ailleurs, la femme TE oublierait entièrement les Aliens de l'Insécurité et les Fouilles en Règle si ce n'étaient ses amies toujours célibataires, qui passent de temps en temps quand le mari a « un truc de boulot ».

Quand la femme TE remarque que l'amie toujours célibataire semble traverser une « mauvaise passe », elle gobe une croquette de poisson et dit : « Honnêtement, mon chou, ne te tourmente pas. J'étais comme ça, moi aussi. »

Elle prononce cette phrase avec un petit sourire de réminiscence. Puis elle avale un peu de banane écrasée et reprend : « J'étais toujours en train de pleurer à cause d'un Vrai Salaud. »

Elles rient toutes les deux.

Le rire de la femme TE est un peu plus joyeux.

La femme TE ne s'inquiète plus de perdre le « cocon de couple ».

La femme TE considère qu'elle habite désormais la « forteresse du couple ».

> La forteresse du couple, idéalement, se situe à vingt-quatre arrêts de bus du centre-ville. Elle possède un jardin pour les barbecues et les gosses. Il y a plein de petites choses dures en plastique coloré par terre. Les murs sont couverts de dessins d'enfants et des tas d'objets biscornus pendant du plafond.

Quand le mari de la femme TE lui offre des fleurs, elle est pratiquement submergée de bonheur. Elle en a les larmes aux yeux. Elle le serre dans ses bras. Elle embrasse son enfant tout en songeant :

« J'ai tellement de chance. Tout est si parfait. »

Le mari qui s'est comporté en Vrai Salaud fait du mieux qu'il peut pour effacer l'incident de son esprit parce que (et que ce soit parfaitement clair), il ADORE sa famille. Il ne ferait RIEN qui puisse les blesser.

Le mari qui s'est comporté en VS une seule fois s'amende à toute vitesse. Il retrousse ses manches et se conduit en TRÈS bon garçon pendant un bon bout de temps.

Le mari qui s'est comporté en VS une seule fois est particulièrement attentionné envers ses enfants.

Tandis que la femme TE le regarde arrêter de tripoter le barbecue pour expliquer gentiment le mécanisme d'un petit objet dur en plastique coloré à leur fils, son cœur s'emplit d'amour. Elle se redit que tout est vraiment parfait. Tout, sauf...

Une vilaine tache gâche le paysage de la vie merveilleuse de la femme TE.

La nounou.

Quand la femme TE engage la nounou, elle s'exclame :

« Je n'arrive pas à croire à la chance que nous avons eue de la trouver. Honnêtement, Maxime l'adore. C'est un cadeau du ciel. »

Peu de temps après, la femme TE découvre qu'en réalité, la nounou est une Méchante Sorcière capable de perpétrer à tout moment l'un des crimes suivants :

- Tacher de rouge à lèvres le fauteuil Kenzo.
- Voler la voiture.
- Voler la voiture et les enfants et les tuer dans un affreux carambolage.

- Boire tout le café.
- Téléphoner en Côte d'Ivoire.

La femme TE n'est pas dupe, cependant, et elle combat pied à pied pour conserver le contrôle de la situation. Elle laisse des Notes.

Elle est à peu près sûre de pouvoir mettre un frein aux méfaits de la nounou par cette méthode, car elle sait, après tout, qu'elle est la Reine de la Forteresse du Couple.

Le vrai problème, c'est que son mari ne semble pas solidaire de cette lutte.

Peu importent les méfaits de la nounou ou la description épique desdits méfaits, la femme est incapable de lui faire comprendre la gravité de la situation.

Ce qui la met hors d'elle.

Un soir, ils vont dîner dans un restaurant marocain. La nounou garde les petits. Le mari fait toujours la sourde oreille face aux plaintes (totalement justifiées) de sa femme, mais ils passent néanmoins une bonne soirée bien relaxante. Ils rentrent vers dix heures et demie. Lorsqu'ils rentrent, ils retrouvent la nounou avec son amie Fatou.

La femme voit son mari sourire et parler aux deux filles. Elle les entend éclater de rire. Elle se rend compte qu'elle n'a pas vu son mari (ni aucun autre homme) sourire et rire comme ça depuis très longtemps.

Plus tard, elle ferme la porte de la salle de bains et se contemple dans un grand miroir. Qui lui renvoie à la figure des tas de croquettes de poisson, de banane écrasée, de mini-pizzas et de biscuits en forme d'animaux.

Elle a deux choix. L'un d'entre eux est de reprendre un verre.

16

Tenir le coup ou le mettre à la porte

L'homme adore que la femme se fasse une beauté pour sortir avec lui.

L'homme déteste que la femme se fasse une beauté pendant des heures pour sortir sans lui.

Si la femme TE décide que reprendre un verre n'est pas la solution, elle s'éveille le lendemain matin, après s'être regardée dans le grand miroir, avec un But dans la vie.

L'homme ne remarque pas qu'elle s'est contentée d'un demi-pamplemousse et de café noir pour le petit déjeuner. Il ne remarque pas non plus qu'elle répète ce manège tous les matins. Il ne remarque pas du tout qu'elle fouille dans le placard pour retrouver sa tenue d'aérobic. Il est légèrement agacé de se cogner tous les matins le gros orteil sur le pèse-personne, planté au milieu de la salle de bains.

Il remarque confusément qu'elle a cessé de se plaindre autant de la nounou.

Un jour, la femme passe chez le coiffeur pour se refaire teindre les cheveux d'une couleur qui n'existe pas dans la nature. Elle s'achète un nouveau tailleur. Quand elle fait glisser sa jupe sur ses hanches retrouvées, elle est assez satisfaite d'elle-même.

Ce soir-là, quand le mari lui offre un deuxième verre, elle refuse.

Il lève les yeux... et ne peut plus détacher son regard. Il passe derrière elle et enlace sa nouvelle taille. Il grignote l'endroit, sous son oreille, où elle a calé une mèche de ses nouveaux cheveux.

Elle sourit.

Il propose de se coucher tôt.

Plus tard, quand l'homme a pris conscience que tout va pour le mieux dans son monde, il inspire profondément et s'arme de courage. Il décide de parler enfin de ses Sentiments. Voici ce qu'il dit :

« Tu es une épouse et une mère merveilleuse. »

Il dit d'autres choses aussi. Le genre de propos que l'épouse et mère merveilleuse a rêvé de l'entendre dire pendant de longues années. Elle ignore pourquoi elle ne se sent pas tout à fait aussi heureuse qu'elle l'imaginait en l'entendant parler ainsi. Elle le serre dans ses bras et dit :

« Mmmm. Et si on dormait, non ? »

Après ça, la femme s'habitue à sa nouvelle

taille, ses nouvelles hanches et ses nouveaux cheveux. Elle est assurée de la dévotion de son mari. Elle prend confiance en elle. Un jour, un type du service marketing lui dit : « J'aimerais discuter d'un dossier avec toi, mais mon planning est serré. Ça t'ennuierait de rester un peu tard, ce soir ? On pourrait revoir tout ça ensemble. »

Aucun homme moderne n'ajouterait une phrase aussi sordide que : « et ce n'est pas tout ce que j'aimerais voir de toi... », mais quand il lève les yeux en lui souriant, la femme le devine à son regard.

Elle a un pincement à l'estomac.

Avoir une nouvelle silhouette, c'est très bien, mais ce n'est pas du tout la même chose que de d'être perçue comme si on n'était PAS une épouse et une mère merveilleuse.

L'épouse et mère merveilleuse a le choix :

1. Elle peut rentrer chez elle, pour retrouver ceux qui l'aiment et qui ont besoin d'elle, au pays où résonnent nuit et jour les chants de personnages de dessins animés.

2. Elle peut rester au bureau avec cet homme séduisant, manger des mets chinois et jouer le jeu des Frissons d'Excitation très sérieusement.

Quel que soit le choix de la femme, elle en voudra à son mari... rien qu'un petit peu.

Ce que fait une femme quand elle en veut à son mari... rien qu'un petit peu

- Elle est ravissante.
- Quand son mari lui dit qu'elle est ravissante, elle lui lance un regard signifiant : « Ah, tiens, tu as remarqué ? »
- Elle achète de nouveaux vêtements.
- Elle accuse son mari de ne pas l'avoir remarqué.
- Elle accuse son mari d'être pingre s'il le remarque.
- Elle dit : « Je ne suis pas ta bonne. »
- Elle le nourrit très mal et le met au défi de s'en plaindre.
- Elle nourrit les enfants très mal et le met au défi de s'en plaindre.
- Elle « oublie » qu'il a invité son partenaire de tennis et sa femme pour un barbecue. Elle les nourrit très mal et défie quiconque de s'en plaindre.

L'homme...

Est légèrement perplexe. Fait le gros dos. Est un peu blessé. Achète des pizzas. Se sent un peu dérouté. Emmène les gamins manger une pizza. Commence à sérieusement s'énerver. Met le Holà.

Quand l'homme met le Holà :

La femme le dévisage et se met à crier. Elle

l'accuse de tout ce qu'il a jamais pu faire pour la blesser, l'humilier ou la mettre en colère, depuis leur toute première rencontre. Elle ressort les Aliens de l'Insécurité du placard, avec les indices glanés lors de fouilles remontant à plusieurs années. Elle lui rappelle l'époque où les gamins ont eu la rougeole. Elle lui assène le Premier Anniversaire où elle a dû rédiger toutes les invitations elle-même. Elle évoque toutes ces années de bananes écrasées et de plats préférés mitonnés avec amour. Elle mentionne même l'incident avec Sabine du service clients, bien qu'elle n'en sache rien. Elle lui envoie tout cela en pleine volée à la figure.

Finalement, elle fond en larmes. Elle s'affale sur le canapé. Elle est parcourue de sanglots qui la secouent.

L'homme est tétanisé. Incapable de prononcer un mot. Il ne sait pas par quoi commencer.

Plus rien ne va dans son monde.

Ensuite, de deux choses l'une :

1. La femme lui demande de dégager la Forteresse du Couple. Elle ne communique plus avec lui que par l'intermédiaire d'un avocat. Il reçoit des tas de factures pour de nouveaux vêtements et des pizzas.

1. Ils s'enlacent prudemment et se resservent un verre.

17

Écarts et incartades

Les hommes adorent que les femmes les regardent pratiquer un sport. Moins la femme en connaît sur ce sport, plus l'homme aime qu'elle le regarde.

Avant le mariage, la femme joue le jeu. Elle achète une tenue spéciale pour « le regarder faire du sport » et conserve un peigne et un bâton de rouge à lèvres dans sa poche en tout temps. Elle se recoiffe et remet du rouge à lèvres dans le hideux W.C. du centre sportif, avec sa glace fendue et pas de papier de toilette. Elle s'en fiche. Elle est avec Lui.

Sur le chemin du retour (après que son équipe s'est fait ratiboiser), elle écoute attentivement ses protestations interminables et indignées contre l'attitude de l'arbitre et de l'équipe adverse.

Après le mariage, la femme ne peut s'imaginer spectacle plus affligeant que « le regarder faire du sport ». Elle fait tout ce qu'elle peut pour l'éviter. Si l'homme a la témérité d'insister pour que sa femme l'accompagne, il ne comprend pas pourquoi elle a l'air malheureuse et transie tout au long du match, ni pourquoi elle passe tout le trajet du retour à lui faire remarquer que son équipe a été battue à plate couture.

Parfois, l'homme rêve de revivre l'enchantement des débuts de l'amour. Il suggère donc, d'un ton désinvolte, à Sabine du service clients de venir assister aux semi-finales inter-départementales.

Sabine va s'acheter un pull en mohair et un baume à lèvres framboise.

Parfois, le comportement de Vrai Salaud de l'homme va bien au-delà de l'incident avec Sabine du service clients.

Parfois, la femme se regarde dans un grand miroir, découvre les tas de croquettes de poisson et de bananes écrasées qui lui collent aux hanches et s'en fiche.

Elle se dit : « Qui voudrait revivre ses vingt ans et supporter des vagues de Nausées du Premier Mois ? »

Elle se dit que ce serait pas mal d'avoir un autre enfant, un autre chien ou une nouvelle maison.

Cette femme entre dans la chambre et taquine son mari parce qu'il a flirté avec la copine de la nounou, puis elle se met au lit et le serre dans ses bras.

C'est très douillet, tout ça.

Les femmes habituées à gérer des enfants et des chiens développent quelques habitudes assez efficaces pour mener leur petit monde à la baguette :

- Elles parlent suffisamment fort pour être entendues des enfants et des chiens.
- Elles portent des vêtements qui résistent aux enfants et aux chiens.
- Elles parlent à tout le monde comme à un enfant ou un chien.

Le mari d'une femme qui se comporte ainsi a le choix :

1. Lui permettre de le traiter comme un enfant ou un chien et se passionner pour son hobby.
2. Commettre des incartades et se passionner pour son hobby.

Au début, l'homme est très prudent lors de ses incartades, mais un jour, alors qu'il se rend chez des amis avec femme, enfants et chien pour un barbecue, il rencontre la fille adolescente d'un copain avec l'une de ses amies. L'homme les drague un peu dans le style « vieux tonton cochon ». Sa femme passe par là. Elle le traite de « vieux tonton cochon » et retire un bout de salade de sa veste.

Après ça, l'homme s'enhardit. Il prend une Maîtresse. La femme découvre l'existence de la Maîtresse. Elle l'appelle « Cette Femme ».

Dans ces circonstances, de deux choses l'une...

Soit elle quitte son mari, dilapide tous ses sous, se moque de son hobby et sombre dans l'amertume. Ou bien elle Décide de Rester : dans ce cas, elle ne le quitte pas. Mais elle dilapide tous ses sous, se moque de son hobby et sombre dans l'amertume.

Si la femme quitte son époux, en général il se remarie, fabrique de nouveaux rejetons et un nouveau chien dare-dare.

Parfois, la femme se sent bien mieux après avoir lâché tout ce qu'elle avait sur le cœur. Elle reprend du poil de la bête et se remet à nourrir correctement son petit monde. Elle n'est peut-être pas sublime vingt-quatre heures par jour mais elle n'est pas si mal. C'est une épouse et mère merveilleuse. Un jour, en attendant le type d'EDF, elle décide de sortir le costume marine de l'homme pour le déposer au pressing. Alors qu'elle vide les poches, elle découvre un petit billet qui dit « je t'aime aussi ». La femme passe un coup de fil au gîte rural où son mari était censé être allé à la pêche avec un pote le week-end dernier.

Son univers s'effondre.

N.B. Quand l'épouse brandit le billet « je t'aime aussi » sous le nez de son destinataire, IL MENT. Il continue à mentir jusqu'à ce qu'il devienne absolument évident qu'il n'y a plus aucune raison de le faire.

ALORS IL DIT : « Ce n'était pas voulu. Ça S'est Passé Comme Ça. »

> Parfois, une femme téméraire accepte d'épouser un Tombeur Fou. En général, cette femme « a attendu ». En général, cette même femme a cajolé, câliné, supplié et a joué au Bras de Fer. Elle se méfie depuis le début. Mais elle croit sincèrement qu'il a changé depuis la naissance des enfants.
>
> Elle relâche sa surveillance. Et attrape un herpès.

Pour qu'un homme puisse se comporter en Vrai Salaud, il faut bien que certaines femmes jouent le jeu...

L'épouse qui s'ennuie

Celle-ci ne va pas chercher bien loin. Elle préfère une culbute avec le meilleur ami de son mari ou un collègue de travail. Elle se sent très coupable. Elle redoute qu'Il ne découvre tout. Mais alors, elle tombe amoureuse et veut que « tout soit dit ».

Plus souvent qu'autrement, l'homme la laisse tomber. Dare-dare.

La petite amie de transition

Cette fille guette les hommes sur le point de quitter femme et enfants. Elle est capable de repérer un mari qui s'emmerde de l'autre côté d'une pièce enfumée. Elle se sent un peu coupable – à cause des gamins – mais alors elle tombe amoureuse et veut que « tout soit dit » pour que les enfants puissent passer les week-ends avec eux.

Plus souvent qu'autrement, l'homme la laisse tomber. Dare-dare.

L'autre femme

Celle-ci tombe amoureuse aussitôt. Elle se sent un peu coupable vis-à-vis de l'épouse, mais elle sait que c'est le Grand Amour. Cette femme joue pour gagner. Quand l'épouse trouve son billet « je t'aime aussi », elle est à la fois ravie et terrifiée. Elle pense : « Au moins, maintenant, tout est dit. »

Si l'épouse pardonne à son mari, plus souvent qu'autrement il laissera tomber l'Autre Femme. Dare-dare.

La maîtresse

N'éprouve aucune culpabilité particulière parce que tout est clair depuis le début. Tombe amoureuse, mais s'en remet dare-dare. Sait qu'il y a fort peu de risques pour que l'homme la laisse tomber.

La pétasse en bikini vert fluo

Ne veut que s'amuser. N'éprouve aucune culpabilité de ne pas avoir parlé de son herpès.

18

Jamais le dimanche

— *Alors, qu'est-ce que tu lui reproches, au juste, à ta femme ?*

— *Eh bien, c'est une hystérique, elle me fait des scènes monstrueuses, elle n'arrête pas de pleurer.*

— *D'accord... Alors, tu vas la larguer ?*

— *Je ne peux pas... elle deviendrait hystérique, elle me ferait une scène monstrueuse, elle n'arrêterait pas de pleurer.*

— *D'accord.*

Des tas de femmes peuvent s'offrir une grasse matinée le dimanche, passer à la salle de gym tout de suite après leur café crème et suivre chaque épisode d'*Urgences* à la télé.

Ces femmes sont des Irrégulières.

Les Irrégulières se distinguent des Maîtresses en ce qu'elles sont moins cyniques et moins friquées. Les Irrégulières peuvent avoir un dressing plein de chouettes fringues, mais sûrement pas de manteau de fourrure.

Les Irrégulières se distinguent de l'Autre Femme en ce qu'elles sont beaucoup plus discrètes et font de gros efforts pour être raisonnables, même si elles sont amoureuses. Les Irrégulières sont essentiellement des temps partiels.

Les hommes mariés ne sont pas les seuls à les fréquenter. Souvent, l'homme doté d'une Régulière fréquente aussi une Irrégulière. Ou alors, il en a toute une collection.

Les Irrégulières ne sont pas convaincues que tous les hommes sont de Vrais Salauds.

En fait, elles pensent que certaines femmes sont des Sorcières vomies par l'enfer pour détruire les hommes, et que ces hommes sont des incompris.

L'Irrégulière passe le plus clair de son temps à essayer de comprendre pourquoi le comportement de son amant ressemble à s'y méprendre à celui d'un Vrai Salaud.

L'Irrégulière ne discute pas de tout cela avec ses copines. Elle sait qu'elle risque un sermon du genre « mais toi, dans tout ça » en abordant le sujet, alors elle ne se confie qu'à son chat.

Si elle n'a pas de chat, n'importe quel matou de passage fera l'affaire.

L'homme a une affection sincère pour son Irrégulière.

L'homme songe parfois à promouvoir son Irrégulière en Plein-Temps, tellement il a d'affection pour elle. Mais il n'en fait rien.

Parce que les Irrégulières ne jouent pas vraiment le jeu.

L'homme est un peu perplexe, parce que l'Irrégulière évite de pleurer devant lui. (Elle le fait en regardant *Urgences* le dimanche soir durant les scènes tristes. S'il n'y a pas de scènes tristes, tout passage vaguement sentimental fera l'affaire.)

L'Irrégulière ne harcèle pas l'homme, elle fait de gros efforts pour ne pas se torturer à propos de la Régulière et des autres Irrégulières. Parfois, elle éprouve même de la sympathie pour la Plein-Temps.

Cette attitude peut mettre l'homme franchement mal à l'aise.

Si l'Irrégulière passe une nuit chez l'homme, on peut lui faire confiance : elle ne laissera derrière elle aucune trace compromettante.

Laisser des traces compromettantes

Si l'homme est assez épris d'une femme, il laisse parfois un objet chez elle.

Cet objet sera Bien en Évidence, et Manifestement Masculin. La femme l'aura remarqué avant même que l'homme ne franchisse le seuil. Elle en fera l'une des choses suivantes :

1. Le laisser traîner pour que ses copines le voient et qu'elle puisse le contempler dès qu'elle aura un accès de sentimentalisme.

2. Le jeter dès qu'elle entendra la voiture de l'homme démarrer.

3. Le renvoyer chez lui dans un moment délicat.

Lorsqu'une femme laisse un objet chez l'homme, elle ne choisit rien d'évident. Une femme qui veut marquer son territoire chez un homme sait que, dès qu'elle aura franchi le seuil, il fera une inspection rapide pour vérifier s'il n'y a pas de string en dentelle sous le lit. Cette femme est maligne. Elle laisse donc un objet moins compromettant. Cet objet est d'une nature vaguement scientifique et donc, passe inaperçu aux yeux de l'homme qui recherche quelque chose de « féminin » et de « compromettant ». Il ne remarque jamais le tube de crème hydratante calé entre son Biafine et la pâte dentifrice, et une bouteille de dissolvant à vernis à ongles peut passer inaperçue pendant des mois.

Les Irrégulières, toutefois, n'en font rien et, par conséquent, elles n'ont jamais de scènes avec l'homme.

L'homme à qui une femme ne fait jamais de scène a peu de chances de bouger, dans un sens ou dans l'autre. Donc, l'Irrégulière peut fréquenter l'homme pendant un bon bout de temps. Elle ne sait jamais où elle en est avec lui.

Ce qui ne dérangerait pas l'Irrégulière, si quelqu'un lui remettait une tablette en pierre avec ces mots gravés dessus :

« Tu ne te réveilleras pas seule le matin de ton quarantième anniversaire. »

L'Irrégulière n'a aucune envie de passer son quarantième anniversaire devant *Urgences*.

Anniversaires et jours fériés sont les ennemis naturels des Irrégulières et des Autres Femmes.

On peut compter sur les Autres Femmes pour faire une scène lors de ces occasions, et l'homme qui fréquente une Autre Femme s'est, en général, lui-même emberlificoté dans un lourd cocon de mensonges cousus de fil blanc bien avant la Date Fatidique. À l'approche du Jour J, il a de plus en plus de mal à éviter des conversations impliquant des engagements précis de sa part.

Les engagements précis sont les ennemis naturels de l'homme.

Les Irrégulières gèrent ces situations autrement.

L'Irrégulière fait du mieux qu'elle peut pour oublier complètement anniversaires et jours fériés. D'ailleurs, mis à part les grasses matinées et les séances de gym, l'Irrégulière aimerait assez que tous les jours soient des jours de semaine.

Lorsque arrive l'anniversaire ou le jour férié, et qu'elle n'a pas obligé l'homme à prendre un Engagement Précis en lui faisant une scène, l'Irrégulière est un peu déprimée. Son amant se sent un peu salaud.

Le jour de son anniversaire, l'Irrégulière fait l'une des choses suivantes :

1. Pleurer un peu et manger trop de spaghetti devant la télé.
2. Sortir et manger trop de spaghetti avec une Autre Irrégulière.
3. Manger trop de spaghetti chez des amis mariés.

Si l'Irrégulière en a vraiment ras le bol du scénario Spaghetti... si elle commence à soupçonner que les hommes ne sont pas de grands incompris, après tout... si elle sent qu'elle va piquer sa crise... elle appellera son ex.

L'ex est toujours ravi d'avoir des nouvelles de cette femme. Il est flatté et secrètement enchanté qu'elle se soit tournée vers lui pour fêter son anniversaire. L'ex raconte un bobard à sa Régulière ou à sa propre Irrégulière et emmène la femme dîner dans « leur » restaurant.

La femme ne saisit pas toujours qu'il considère ce restaurant comme « le leur ».

L'Irrégulière qui fête son anniversaire avec son ex risque de boire trop de vin rouge avec ses pâtes. Le vin rouge fait resurgir des tas d'émotions du dimanche soir trop longtemps refoulées. La pression monte tout au long de la soirée jusqu'à ce que, brusquement, l'Irrégulière stupéfie l'homme et leurs voisins des deux tables adjacentes – autant qu'elle-même – en faisant une Scène.

Une Scène d'Anthologie. Car l'Irrégulière n'a rien à perdre. Elle lâche donc toute l'artillerie, à commencer par une description minutieuse et détaillée de chacun des méfaits de l'homme qu'elle fréquente actuellement. (Ces méfaits sont attribués à l'Homme en Général.)

L'homme la dévisage, brûlante de passion, les joues empourprées par le vin, avec ses yeux qui lancent des éclairs.

L'homme se sent obligé de faire quelque chose.

Il lui prend la main (au détriment du moulin à poivre).

Il la contemple d'un air attendri et compatissant.

La femme avale lentement une autre gorgée de vin et arrête sa tirade. Elle dévisage son ex, tout attendri et compatissant. Elle compare mentalement une liste de ses défauts avec ceux de l'homme qu'elle fréquente actuellement.

En fonction de la quantité de vin rouge consommée, l'un des trois phénomènes suivants se produit :

1. Elle craque à nouveau pour son ex. Ce qui dure jusqu'au lendemain matin, lorsqu'il dit un truc extrêmement agaçant.

2. Elle craque à nouveau pour l'homme qu'elle fréquente actuellement. Ce qui dure jusqu'au mardi suivant, quand elle constate qu'il ne l'a toujours pas rappelée.

3. Elle craque à nouveau pour les toubibs d'*Urgences*.

19

Le coup de grâce

Ce que pense l'homme :

Pourquoi les femmes ne ressemblent-elles pas plus aux hommes ? Pourquoi les femmes sont-elles toutes aussi dirigistes, collantes et obsédées ?

Mais un beau jour, cet homme rencontre une femme drôle et sexy, indépendante et cool. Elle semble se désintéresser totalement de l'état de son tiroir à chaussettes et ne lui rappelle JAMAIS qu'il doit faire un truc.

Au bout d'un moment, une pensée se forme dans l'esprit de l'homme. (Il sait que c'est idiot.) Il se dit : « Peut-être qu'elle ne m'aime pas vraiment ».

Cet homme est tout à fait capable d'aller pleurer dans son coin.

Quand une femme acquiesce au mariage de guerre lasse, c'est souvent pour épouser un Gentil Garçon. En général, parce qu'elle a fréquenté toute une série de Vrais Salauds.

Le jour du mariage, elle ressemble plus à une Reine des Glaces qu'à une Princesse Fée et l'homme a la tête d'un petit garçon qui vient de capturer un papillon.

La femme qui acquiesce de guerre lasse n'a aucune intention d'emménager dans une Forteresse du Couple. Elle préfère maintenir le plus de contacts possibles avec le monde extérieur.

La femme qui acquiesce de guerre lasse est prise de véritables nausées lorsqu'elle voit une épouse Totalement Épuisée.

Le Gentil Garçon est très tolérant. Il ne commet jamais l'erreur grossière de mettre le Holà.

Leurs vies se déroulent comme suit :

L'homme...

Fait sa part de travaux ménagers. Paie l'essentiel des vacances et des sorties. Économise pour lui faire un beau cadeau de Noël. Fait les courses. Récure les W.C. de temps en temps. Ne regarde jamais de vidéos de James Bond. Lui demande si ça la dérange qu'il regarde le Grand Prix de Formule 1. Lui propose d'aller au cinéma pour voir un film de James Ivory le dimanche soir. Dépose ses tailleurs au pressing avec ses costumes. Repasse ses propres chemises. Reste à la maison pour attendre le type d'EDF. Parle de ses sentiments. Achète une poêle Le Creuset en solde parce qu'il sait qu'ils en ont besoin.

La femme...

Le quitte.

Le Gentil Garçon est l'unique spécimen du sexe masculin qui se réveille pour trouver un mot sur l'oreiller.

Après que la femme a quitté le Gentil Garçon, elle soupire et dit à ses amies : « Vous comprenez... c'est vraiment un si gentil garçon... »

Ce genre de comportement rend les ex-maris assez amers.

Le problème de la femme, c'est qu'après avoir passé la majeure partie de sa vie sentimentale à accoucher d'Aliens de l'Insécurité ou à disputer des parties de Bras de Fer, lorsque tout cela s'arrête, elle n'a plus l'impression d'être amoureuse.

Après avoir quitté le Gentil Garçon, la femme qui a acquiescé de guerre lasse joue le rôle de l'Autre Femme pendant quelque temps. Rien que pour éprouver à nouveau des frissons.

Les hommes disent : « Les femmes ne craquent que pour les Vrais Salauds. »

C'est faux. Les femmes aiment les Diamants Bruts.

La femme aime croire que l'homme dont elle est amoureuse est en réalité un Gentil Garçon luttant pour émerger d'un Vrai Salaud. Si elle peut l'aider à y parvenir, cela prouvera qu'il n'a jamais rencontré auparavant la femme qu'il lui fallait.

Elle se sent une âme de diamantaire.

Les femmes sourient toujours lorsqu'on leur dit : « Il s'est vraiment assagi depuis qu'il vous a rencontrée. »

Elles répondent : « Vous savez, c'est un grand bébé », en éclatant de rire.

> Lorsqu'un couple se sépare, la femme est souvent agacée à l'idée d'avoir « mâché le travail » de la suivante.

Le Gentil Garçon ne l'intéresse pas parce qu'il n'a aucun usage de ses talents de diamantaire. Le Gentil Garçon est déjà tout poli.

Parfois, la femme fuit le nid conjugal parce qu'elle s'éveille un jour, prise du désir lancinant « d'être elle-même ». Elle s'envole aussitôt.

Un an plus tard environ, elle passe quelques soirées mélancoliques seule devant la télé avec son chat. Ils ont compris, le chat et elle, qu'une nouvelle coupe de cheveux, un nouveau look et un diplôme de décoration intérieure n'ont pas suffi à la combler.

Assez souvent, cette femme rencontre un Diamant Brut, consacre trois mois à redécorer son appartement de fond en comble, puis passe une éternité à attendre qu'il lui prouve sa gratitude.

Ce genre de comportement rend les ex-maris assez amers.

Quand les femmes décident qu'elles ont besoin de « se trouver », elles se retrouvent rarement sur une île grecque avec George Clooney.

La plupart du temps, elles aboutissent dans une salle de classe pleine de courants d'air, à huit heures du soir, en train d'écouter un imbécile décliner ses conjugaisons espagnoles.

Si l'imbécile a deux jambes, un pénis et pas trop mauvaise haleine... si la femme désespère vraiment de « se trouver »... elle peut se convaincre qu'il s'agit en réalité de George Clooney.

Parfois, elle conserve assez longtemps cette illusion.

Ce genre de comportement rend les ex-maris assez amers.

L'ex-mari amer rencontre souvent une Brave Fille.

Il se méfie un peu d'elle parce qu'à ce stade, il est assez convaincu que toutes les femmes sont des sorcières vomies par l'enfer pour détruire les hommes, et que de toute façon, elles ne craquent que pour de Vrais Salauds.

Il le lui dit.

La femme qui entend ce discours a soudain des picotements partout.

La femme qui entend ce discours n'éprouve jamais de sympathie pour l'ex-épouse.

La femme qui entend ce discours a l'intime conviction que cet homme n'a « jamais rencontré la femme qu'il lui faut ».

20

Faire ses valises

L'homme qui commet des incartades est fort capable de piquer une crise de jalousie dès que la femme manifeste le moindre intérêt pour un autre homme. Ceci s'applique à la fois à la Régulière et à l'Irrégulière.

Ceci peut calmer la femme pendant un temps.

L'homme ne s'en rend pas compte. Il pense que c'est le bouquet d'œillets flapis qui a fait le boulot.

Aucun homme ne quitte sa femme pour « se trouver ». Il ne s'est jamais perdu. L'homme ne quitte son épouse que s'il est tombé amoureux de l'Autre Femme.

En général, il y a très longuement réfléchi. Il sait que ce genre de sortie peut lui coûter très cher.

Lorsqu'un homme finit par quitter son épouse, il ne change rien à ses habitudes avec la nouvelle femme. Il l'emmène aux mêmes restaurants et lui offre les mêmes fleurs.

Ce genre de comportement rend les ex-épouses assez amères.

> Lorsqu'un homme qui couche avec une femme lui caresse le sein gauche trois fois, embrasse son lobe d'oreille puis lui caresse les cheveux, on peut parier sans risque de se tromper qu'il use de ce petit cocktail magique depuis l'âge de vingt et un ans et que personne ne s'en est plaint jusque là.

Quand l'homme déserte le foyer conjugal, il est souvent très malheureux.

Depuis des mois, voire des années, il souffre. Chez lui, il a subi un barrage de « qu'est-ce qui se passe » et chez l'Autre Femme, il a dû essuyer d'innombrables scènes de « tu en es où avec moi ? »

Personne ne le comprend. Personne ne semble capable de voir les choses de son point de vue à lui. Pas même l'Autre Femme. Dont il est amoureux. En tout cas, elle l'a convaincu qu'il l'était, et il se dit que ce doit être vrai, puisqu'il a réussi à foutre en l'air toute sa vie à cause d'elle.

L'homme ne dit pas à l'Autre Femme qu'il l'aurait joyeusement larguée si sa femme s'était seulement montrée un peu raisonnable. D'ailleurs, il songe vaguement à la larguer depuis la première conversation « tu en es où avec moi ? » Mais ensuite, il s'est fait pincer.

L'homme n'est jamais sûr de la façon dont il s'est « fait pincer ».

L'homme ne se rend pas compte qu'un jour il s'est couché à côté de sa femme (un peu épuisé par tout ce stress) et qu'il lui a caressé le sein *droit* tout en caressant simultanément ses cheveux. Pas de lobe d'oreille.

À cet instant précis, la femme a effectué un rapide inventaire mental des :

— Coups de fil bizarres.
— Trucs de boulot imprévus.
— Incitations à aller passer un week-end chez sa mère à elle.

Elle développe IMMÉDIATEMENT un besoin subit et urgent de déposer quelques-uns de ses costumes au pressing.

Après le cauchemar du billet « Je t'aime aussi », l'homme passe un sale quart d'heure. Sa femme se transforme aussitôt en sorcière vomie par l'enfer pour le détruire, et l'Autre Femme est heu-reu-se ! Qui plus est, elle s'attend à ce qu'il soit heureux aussi parce qu'enfin, « tout est dit ».

L'homme ne comprend rien aux femmes. Ses moyens financiers risquent de s'en trouver méchamment réduits. Il observe sa Valeur Nette rétrécir à chaque seconde qui passe. Il n'est PLUS le Seigneur du Château.

L'Autre Femme n'arrive absolument pas à comprendre ce qui lui prend. D'accord, on est un peu à l'étroit dans son appartement, mais c'est leur appartement maintenant et elle a acheté des lits de camp pour les enfants. Qui viendront dès que sa sorcière de femme deviendra raisonnable et les laissera passer le week-end avec leur père.

L'Autre Femme a plein de projets. Elle essaie d'en parler à l'homme mais tout ce qu'il est capable de faire en ce moment, c'est de fixer l'écran de la télé en buvant à même la canette de bière.

Un samedi matin, l'homme doit passer prendre quelque chose « à la Maison ». Ce qui déplaît éminemment à l'Autre Femme. Elle le presse de lui donner l'heure précise à laquelle il compte rentrer. Elle fait des projets et lui en parle afin qu'il n'ait aucune excuse pour s'attarder.

Elle est ravie de le voir revenir trois petits quarts d'heure après son départ. Ô, doux soulagement ! Elle se dit : « Tout ira bien désormais. Il s'en est remis. On pourra faire des projets, maintenant. »

Elle s'affaire dans la cuisine en affectant la désinvolture. Lorsqu'elle l'entend ouvrir la porte, elle lance : « Tout va bien, chéri ? » d'un ton très affectueux.

Elle est absolument saisie d'horreur lorsque l'homme déboule dans la cuisine, l'œil exorbité, et hurle : « Il y a une espèce d'imbécile à mauvaise haleine dans MA maison et il porte MON peignoir ! ! ! »

Ces mots bouleversent l'Autre Femme. Elle conçoit instantanément des Aliens de l'Insécurité jumeaux. Elle se met à pleurer à chaudes larmes.

C'est la goutte qui fait déborder le vase. L'homme a besoin d'air. Il prend la voiture.

La femme pleure sans pouvoir s'arrêter. Elle est profondément blessée. Ça ne devait pas se passer comme ça. Après tous ces longs mois d'attente, de supplications, de gémissements et de cajoleries. Tous ces longs mois où elle ne savait pas « où ils en étaient ». Après tous ses projets.

Après un moment, l'homme rentre. Sa colère s'est muée en morosité. Il allume la télé, puis se lève pour prendre une canette de bière dans le frigo. Il l'entend pleurer. Quelque chose, dans ce son, crève sa mélancolie. Il a mauvaise conscience. Il va dans la chambre.

L'Autre Femme a l'air toute petite et vulnérable. En fait, elle ressemble à une drôle de Boule d'Amour en Peluche. Il a du chagrin pour elle.

L'homme rejoint la femme et l'enlace. Elle émet toujours de petits couinements. L'homme aimerait bien qu'elle s'arrête de couiner. Il lui tapote le dos. Les petits couinements n'arrêtent toujours pas. Il dit : « Allez, mon amour » et lui redonne une petite tape dans le dos.

Elle relève ses yeux brillants de larmes. L'homme se dit : « Elle doit vraiment m'aimer. »

Puis : « Après tout, c'est peut-être mieux comme ça. Cette Sorcière avait sans doute l'intention de me détruire depuis le début et de toute façon, elle préfère les Vrais Salauds... cet imbécile ! »

L'homme sourit à la femme. Il l'embrasse sur le sommet du crâne.

La femme se sent toute soulagée et amoureuse. Elle pose la tête sur son épaule.

L'homme soupire et tente vaguement une approche du sein gauche.

La femme ne le repousse pas. Il se dirige donc vers le lobe d'oreille.

À cet instant précis...

La femme relève la tête, tout heureuse, et lui propose une escapade sur une plage déserte à l'autre bout du monde, dans un hôtel cinq étoiles qui coûte mille euros la minute.

L'homme sent un étau se resserrer sur son cœur.

À cet instant précis, il découvre, avec certitude, que TOUTES les femmes sont des Sorcières qui cherchent à le détruire.

21

On prend les mêmes et on recommence

Si l'homme a eu une liaison, sa femme insiste pour qu'il ne revoie plus jamais Cette Femme. Elle réussit à lui extirper un serment à cet effet.

Elle se met alors à ressortir la Liaison et Cette Femme à la moindre occasion. Les hommes sont incapables de comprendre cette attitude.

Si l'homme a une liaison et qu'il ait quitté sa femme, celle-ci l'accuse de compter pour rien les vingt dernières années et leurs enfants. Elle en est sincèrement persuadée. Les hommes sont incapables de comprendre cette attitude.

Si la femme a une liaison et que l'homme dise : « N'en reparlons plus jamais », la femme le quitte.

Un jour, la Femme Plaquée se réveille en prenant conscience, brusquement, que l'homme qui dort à son côté n'est qu'un imbécile qui a mauvaise haleine. Elle se rend compte qu'apprendre l'espagnol, ce n'est pas ça. Elle est toujours une Femme Plaquée.

Elle pleure un petit peu. Si l'imbécile tente de la réconforter, il se retrouve dare-dare à la rue, simplement revêtu du peignoir du Mari Dévoyé.

(Ce qui suffit généralement à le convaincre que les femmes sont toutes des sorcières qui n'aiment que les Vrais Salauds.)

Un jour, le Mari Dévoyé se réveille en prenant conscience qu'il n'est pas, et n'a sans doute jamais été, amoureux de l'Autre Femme. Quand l'Autre Femme s'éveille à son tour pour le découvrir en train de faire ses valises, il le lui dit. En deux phrases.

L'Autre Femme pique une crise d'hystérie. Mais l'homme est convaincu qu'en ne mâchant pas ses mots, elle aura moins de mal à l'oublier. Il peut lui préciser que tout cela a été une erreur terrible, terrible. (Parce qu'il n'aime pas blesser.) L'Autre Femme tente de se suicider. Il part.

(Dès cet instant, l'Autre Femme est convaincue que tous les hommes sont de Vrais Salauds.)

L'homme loue une suite meublée dans un Apart'hôtel, pour une somme correspondant à ses désormais modestes moyens. Elle est néanmoins équipée d'un téléviseur et d'un réfrigérateur. L'homme retrouve un peu de sa bonne humeur. Il place la photo de sa femme (celle que l'Autre Femme lui avait fait retirer de son portefeuille) sur la table de chevet.

Après avoir rangé ses chaussettes et déplacé

le téléviseur, l'homme se sent à nouveau Seigneur du Château. Il n'a pas éprouvé ce sentiment depuis très, très longtemps. Il décroche le téléphone et appelle sa femme.

Il dit à sa femme qu'il a déménagé.

Sa femme pense : « Mon Dieu. Il a quitté cette pute. Eh bien, qu'il ne s'imagine pas qu'il va pouvoir se réinstaller ici, comme ça. Qu'il ne s'imagine pas que je vais le laisser... »

Elle répond : « Ah bon. »

L'homme dit qu'il a besoin de quelques effets pour son meublé et lui demande si ça l'embêterait qu'il passe prendre des trucs dans la cave.

La femme pense : « Ça doit être un vrai taudis. Je vois ça d'ici. »

Elle répond : « En fait, je dois sortir tout à l'heure, alors si tu me dis ce dont tu as besoin, je peux passer le déposer chez toi. »

Elle parle d'un ton très désinvolte, genre ça m'est égal, pour lui faire bien comprendre qu'elle n'est pas dévorée de curiosité.

L'homme répond : « Si tu veux. »

Il pense : « Je parie qu'elle meurt de curiosité. »

Ils se mettent d'accord. Vers six heures environ... après tout, ils sont très occupés l'un et l'autre.

La femme...

Monte les trucs de la cave. Les met dans le coffre. Prend une douche. Se lave les cheveux. Se demande quoi porter. Essaie des vêtements jusqu'à ce qu'elle ait trouvé un ensemble qui donne l'air d'avoir été passé rapidement, tout en laissant deviner qu'elle a un rendez-vous dans un endroit assez chic. Se maquille. Est prête à partir à cinq heures. Attend. Elle ne veut pas arriver en avance.

L'homme...

Achète une bouteille de vin et la met au frigo.

Quand la femme sonne à sa porte, elle a des papillons dans l'estomac.

Après avoir sorti les affaires du coffre, un ange passe.

La femme regarde sa montre.

L'homme dit : « Tu as le temps de monter prendre un verre de vin ? » Il veut lui faire comprendre qu'il est bien installé.

La femme répond : « Eh bien... » Elle veut lui faire comprendre qu'elle a des choses à faire. « Alors rapidement. J'ai rendez-vous avec des amis... »

L'homme dit : « Le prof d'espagnol ? »

La femme répond : « En fait, il est conférencier !... mais non... enfin... »

L'homme se sent gagné par l'impression d'être le Seigneur du Château. Il sort le vin.

La femme dit qu'elle doit se laver les mains après avoir sorti tous ces trucs du coffre. L'homme lui indique la salle de bains. Elle doit traverser la chambre à coucher pour s'y rendre. Chemin faisant, elle remarque sa photo sur la table de chevet. Elle sent son estomac se nouer et une boule se former dans sa gorge.

Bien plus tard, après avoir bu le vin, quand la femme a expliqué qu'elle avait dit à ses amis qu'elle les rejoindrait peut-être, mais pas sûrement, ils décident de se commander une pizza.

Ils s'installent sur le canapé pour manger la pizza. L'un d'eux se rappelle brusquement un truc qui les a fait tellement rire qu'ils ont été obligés de quitter le restaurant, bien des années auparavant. Ils rient comme des fous.

Ils rient jusqu'à ce que la femme fonde en larmes.

L'homme l'enlace et la serre très fort contre lui. Après un moment, il lui prend le menton et tourne son visage vers le sien. Il la regarde dans ses yeux tout brillants de larmes.

Elle le regarde elle aussi dans les yeux et se demande s'ils ne brillent pas de larmes.

Ils se disent tous les deux : « On verra comment ça se passe. »

22

Douce harmonie

Un soir, alors que la femme s'apprête à se mettre au lit, elle dit :

— Regarde-moi, je suis énorme. J'ai dû prendre dix kilos.

L'homme ne relève pas la tête de son livre.

La femme insiste :

— Mais regarde !

Elle agrippe deux poignées d'une substance évoquant l'écorce d'orange derrière ses cuisses et les agite.

L'homme réfléchit à toute vitesse. Il sait qu'il vient de pénétrer dans un champ de mines. Il répond :

— Ma chérie, même si tu pesais cent kilos je t'aimerais encore. Allez, viens faire un câlin.

Il sourit.

Il considère qu'il a très habilement désamorcé la situation.

La femme est contrariée.

La bonne réponse était :

— Mais non, tu te trompes. Le pèse-personne doit être déréglé.

Il aurait dû être prêt à répéter cette phrase

au moins trois fois. Ensuite, la femme va faire un régime et perdre dix kilos.

Car la première réponse peut la persuader qu'il s'en fiche complètement. Elle risque alors de prendre dix kilos supplémentaires.

> Certaines personnes grandissent dans des maisons où les grandes personnes dansent dans la cuisine.
>
> D'autres grandissent en rêvant de maisons où les grandes personnes dansent dans la cuisine.

Si l'homme et la femme ont grandi dans de telles maisons, ou grandi en rêvant de telles maisons, ils peuvent la plupart du temps traverser de nombreuses tempêtes.

La femme dit : « Vous savez, nous ne sommes plus amoureux. D'ailleurs, je n'ai aucune envie d'être à nouveau amoureuse. On a quelque chose de plus fort. Quelque chose de bien plus profond. De bien plus intime. »

L'homme : ne s'imagine pas une seconde en train de prononcer de telles phrases. Ne peut pas s'imaginer la vie sans elle.

Quand cet homme et cette femme ont bien déterminé leurs rôles respectifs et les règles de leur vie commune, ils se connaissent à fond. Mais il reste certaines choses qu'ils ne Comprendront Jamais... Un dimanche matin, l'homme savoure un long bain chaud. Il remarque qu'il ne reste plus qu'un petit bout de savon dans le porte-savon. Il en reprend un sur l'étagère la plus proche. C'est une savonnette jaunâtre en forme de coquillage, légèrement poussiéreuse.

La femme entre dans la salle de bains. Elle glisse un commentaire marrant, ils rient, puis son expression change.

Elle dit :

— Mais pourquoi as-tu pris cette savonnette ? Il y a en plein dans l'armoire !

L'homme devine à son visage qu'elle est vraiment bouleversée.

Deux choses qu'il ne comprend pas :

1. Pourquoi mettre une savonnette sur l'étagère si on ne peut pas s'en servir ?

2. Quelle est la différence entre la savonnette de l'étagère et celles de l'armoire ?

Le lendemain, l'homme passe dans une pharmacie. Il achète une savonnette vert fluo, en forme d'arbre. Il Fait de son Mieux.

Lorsqu'il remet cette savonnette à sa femme, elle se marre comme une baleine et lui donne un gros baiser.

Il ne comprend pas vraiment.

Un après-midi, l'homme remarque qu'un objet est tombé derrière les étagères. Il retire soigneusement les ornements et bibelots de ces étagères pour récupérer l'objet. Puis il replace tous les ornements et bibelots précisément comme il les a trouvés.

La femme entre dans la pièce et se met immédiatement à déplacer ornements et bibelots d'un quart de centimètre.

L'homme est incapable de comprendre pourquoi.

La femme ne comprend pas pourquoi il est incapable de replacer les objets comme ils étaient, « un peu en biais ».

Un soir la femme dit à l'homme :

— Je crois que je vais porter cette robe verte ce soir.

L'homme marmonne :

— Bon.

La femme réplique :

— Je sais que tu ne l'aimes pas, mais je n'ai rien d'autre à me mettre.

L'homme ne se souvient absolument pas de la robe verte.

Il est incapable de comprendre pourquoi elle affirme qu'il ne l'aime pas.

Il est incapable de comprendre pourquoi elle soutient qu'elle n'a rien à se mettre.

La femme ne peut pas comprendre pourquoi il dit qu'il aime la robe verte alors qu'elle sait parfaitement qu'il ne l'aime pas.

La femme ne comprend jamais pourquoi l'homme refuse de demander son chemin.

Il lui semble étrange qu'il refuse de répondre à des questions simples lorsqu'il est au volant.

Elle se demande pourquoi il ne dit jamais ce qu'il pense tout de suite.

L'homme n'arrive pas à se figurer comment il se fait que la femme ne se rende jamais compte à quel point il est malade.

Il ne voit absolument pas comment elle peut avoir tant de choses à raconter au téléphone.

Qu'elle puisse douter qu'il l'aime demeure pour lui un insondable mystère.

> Rien qui ne puisse être arrangé par un baiser et une petite danse dans la cuisine.

Quand c'est le grand amour

L'homme et la femme sont toujours totalement francs l'un envers l'autre lorsqu'ils se disent quelque chose.

Simplement, ils ne se sentent pas obligés de tout se dire.

Photocomposition Nord Compo
Villeneuve-d'Ascq
achevé d'imprimer en mai 2004
par ***Bussière Camedan Imprimeries***
à Saint-Amand-Montrond (Cher)
pour le compte des éditions Lattès

N° d'édition : 52548. – N° d'impression : 041970/1
Dépôt légal : mai 2004
Imprimé en France